¿Quién ganó la Copa Mundial?

¿Quién ganó la Copa Mundial?

Alex Ribeiro

BETANIA

Un Sello de Editorial Caribe

Betania es un sello de Editorial Caribe, Inc.
Una división de Thomas Nelson, Inc.

Título del original en inglés:
Who won the World Cup?
© 1996 por *Alex Dias Ribeiro & Cia Ltda*
Publicado por *Alex Dias Ribeiro & Cia Ltda*

Traductor: *Ricardo Acosta*

ISBN: 0-88113-495-3

Impreso en EE.UU.
Printed in U.S.A.

La historia que hubiera querido contar

Este es el libro que me gustaría haber escrito, para contar a mucha gente las grandes cosas que sucedieron al equipo de Brasil durante la Copa Mundial en los Estados Unidos. Sin embargo, como no poseo la aptitud de escritor, estoy muy feliz de que Alex lo escribiera por mí y por mis compañeros. Él estuvo con nosotros en nuestra diaria rutina y durante los partidos. Vivió desde las galerías el drama de cada partido y fue muy importante en nuestra lucha para conquistar el campeonato mundial.
Aunque no escribí el libro, fui el primero en leer el manuscrito, que me gustó mucho. Nuestra historia está bien narrada. Los acontecimientos son reales. El final es muy emocionante.

Jorginho
Alero derecho del equipo brasileño en la Copa Mundial

Contenido

Prólogo

Ya sea que lo comprendamos o no, cada uno de nosotros vive una «Copa Mundial» con enormes riesgos, de la misma manera que el popular equipo brasileño de fútbol. Sin embargo, en el campo de batalla espiritual no sirven de nada las habilidades futbolísticas en la guerra contra poderes y principados. Es más, la competencia por la eternidad del alma de una persona es una fascinante lucha privada que rara vez se ve entre el ajetreo y el bullicio de la vida diaria, mucho menos entre el fanatismo público que ocurre cada cuatro anos durante la Copa Mundial.

Sin embargo, el piloto de autos de carreras, Alex Ribeiro, tuvo acceso a esas luchas privadas de fe y poder por sus amigos que jugaron en el equipo brasileño tetracampeón del mundo. Este libro provee por **primera vez** una mirada dentro de los corazones de los jugadores y está repleto de lecciones maravillosas y ejemplos enriquecedores que espero entusiasmen a otros como lo hicieron conmigo.

Después de leerlo me conmovió la sorprendente verdad que Dios persigue una relación íntima y perfecta contigo y conmigo, con más pasión que la expresada por la combinación de amor y lealtad de centenares de miles de fanáticos de la Copa Mundial en todo el planeta.

Tal vez este libro le ayude a convertirse en alguien con más éxito que un campeón mundial: ¡En un campeón para Cristo!

Kyle Rote, Hijo
Miembro durante cuatro años del equipo de fútbol de Estados Unidos
Tres veces campeón de superestrellas
El único jugador estadounidense goleador en un campeonato pro liga

La Copa Mundial que nadie más vio

Alex Dias Ribeiro vivió como nadie más las emociones de la Copa Mundial de 1994. Realizando el sueño más vívido de cualquier hincha brasileño, el director ejecutivo de Atletas de Cristo observó el evento en todos sus detalles. Desde el calor de las galerías a las reuniones privadas en Los Gatos, California; desde las sillas en las salas de prensa a los paseos turísticos con los jugadores. Alex estuvo allí, viendo el mundial como nadie más lo vio, desde el primer día hasta el último.

¿A quién no le hubiera gustado conversar con los jugadores de la selección sobre la victoria o la derrota en vísperas de un partido decisivo? ¿O escuchar y observar sus reacciones ante las críticas de la prensa? ¿O reír y llorar de alegría junto a ellos en la celebración de una victoria? ¿Qué hincha no daría cualquier cosa por participar personalmente de la ansiedad y expectativas en los entrenamientos, partidos y entrevistas?

Este libro fue escrito desde el punto de vista de ese espectador muy especial. A través de estas páginas tendrás acceso a los atletas, participarás en sus vidas y sentirás las emociones que ellos vivieron en la lucha por la conquista del tetracampeonato.

El largo camino hacia el cuarto campeonato mundial

Antes de dedicarse de lleno a Atletas de Cristo, Alex Dias Ribeiro fue piloto de Fórmula 1 para las escuderías Hesketh, March y Fittipaldi Copersúcar. Empezó su carrera con karts por las calles de Brasilia al lado del joven Nelson Piquet, quien se convirtió después en campeón de fórmula 1 por tres ocasiones.

Durante una carrera de autos, en la inauguración de Brasilia como nueva capital de Brasil, Alex descubrió que había nacido para las pistas. Abrió con otros compañeros un taller llamado Camber, que se convirtió en el centro de los fanáticos del automovilismo en la capital federal a comienzos de los setenta. En aquel tiempo conoció también a dos hermanos que fabricaban autos de carreras en Sao Paulo: Wilson y Émerson Fittipaldi.

Siguiendo sus pasos, Alex se mudó para Sao Paulo. Fue campeón brasileño y primero en la clasificación. De Sao Paulo se fue a Inglaterra, donde llegó a ser campeón inglés y europeo de Fórmula 3.

Fue en la *Copersúcar* de Émerson Fittipaldi que Alex tuvo su última oportunidad en las veloces y conocidas pistas de un Grand Prix de Fórmula 1. La carrera se desarrolló en Estados Unidos en 1979.

Al contrario de lo que había soñado, Alex no fue el piloto más rápido ni el más brillante del mundo. Es más, su paso por la máxima categoría fue desastrosa y frustrante.

Sin embargo, algo lo hizo diferente de los otros pilotos: llegó a ser conocido como *Alex Cristo Salva,* por la inscripción que llevaba siempre en su casco.

La destreza de este veloz testigo de Cristo inspiró a Joao Leite, arquero del Club Atlético Mineiro, a fundar en 1980 la asociación hoy conocida en Brasil como Atletas de Cristo.

Arrancado prematuramente de la Fórmula 1 por falta de patrocinio, Alex vio caer por tierra su carrera y su sueño de ser campeón del mundo. En 1986 el ex piloto asumió la dirección de Atletas de Cristo, atendiendo a un ofrecimiento formal de Joao Leite a nombre de todos los atletas integrantes del movimiento. Sus planes eran permanecer al frente de la organización durante tres meses, dar un empujón a la entidad y después volver a una actividad más lucrativa.

«No te preocupes», tranquilizaba a su esposa Bárbara, quien estaba preocupada por el sustento de la familia. «Es un trabajo temporal que Dios me está dando». Nueve años después, Alex todavía seguía al frente de la dirección de Atletas de Cristo.

En 1988, en las Olimpíadas de Seúl, el ex piloto vivió su primera gran experiencia como capellán. Invitado y documentado por el Comité Olímpico Internacional, Alex siguió la trayectoria del equipo brasileño de fútbol en la conquista del título de subcampeón olímpico.

Allí conoció a Mazinho, Jorginho, Batista y Taffarel. También fue la primera vez que experimentó el drama de los atletas en una gran competencia.

A pesar de la derrota brasileña ante la Unión Soviética en la final, la experiencia le enseñó mucho sobre la importancia de la preparación espiritual para vencer la increíble presión de una competencia, presión que Alex experimentó en su época de Fórmula 1.

El drama siguió en el Mundial de Italia en 1990. Alex fue invitado por los propios atletas cristianos de la selección. Estos se reunían diariamente en el cuarto de Silas y contaban además con Bismark, Jorginho, Taffarel y Mazinho. Las esperanzas brasileñas terminaron en frustración al perder con Argentina.

Antes de salir de Italia, Alex ya estaba pensando en la próxima Copa Mundial en los Estados Unidos. ¿Habrían en el equipo jugadores comprometidos con Cristo? Y si los había, ¿cómo ayudarlos a evitar los errores del pasado?

En respuesta a estas preguntas, Alex redescubrió la verdad sobre la propia esencia de la victoria. Vivió y registró la historia que vas a leer ahora: La historia del título brasileño de campeón mundial por cuarta ocasión.

Paulo Roberto Purim

El libro estereofónico

Cuando regresaba en avión desde los Estados Unidos, después del último partido de la Copa Mundial, empecé a reflexionar sobre todo lo que había ocurrido. Mi más fuerte deseo fue conversar acerca de esos días maravillosos con otros aficionados al fútbol.

Pensé que un libro sería la mejor manera de archivar esas experiencias, tanto para la nuestra como para futuras generaciones.

Sin embargo, ¿estarían de acuerdo los jugadores con esta tarea?

Me entusiasmó mucho la respuesta de ellos, no solo por su apoyo sino por las entrevistas exclusivas que me proporcionaron, de tal manera que este libro se pudo hacer realidad.

Mi siguiente problema fue encontrar el tiempo para escribir otro libro antes de ser demasiado viejo. Pasé siete años escribiendo cada uno de mis dos primeros libros. Encontré una carta sobre mi escritorio al llegar a nuestra oficina de Atletas de Cristo en Brasil. Era de alguien que iba a escribir un libro sobre el mismo tema.

«Es todo lo que necesito», pensé. «Otro escritor en ciernes con una idea "fantástica"».

No obstante, cuando leí la carta y medité en las propuestas que Paulo presentaba, me di cuenta de que en realidad ERA una magnífica idea.

Al conocerlo personalmente, vi que Paulo Roberto Purim era un hombre brillante. Vive en Curitiba[1] y trabaja en el área publicitaria.

Nuestras cuatro manos y dos cabezas produjeron este libro en poco más de seis meses, un nuevo récord en mi carrera de escritor.

Pero no solo de velocidad vive el hombre. El hecho de que Paulo viera la Copa desde Brasil, y yo desde el interior mismo de la selección, hizo que este fuera un libro casi estereofónico. Es decir, tiene el rugido de la hinchada y la voz de los atletas.

Alex Dias Ribeiro

1. Una ciudad de tres millones de habitantes en el sur de Brasil.

El más grande espectáculo del planeta

Dos mil millones y medio de telespectadores, miles de periodistas y fotógrafos, veintidós jugadores en la cancha y millones de dólares en juego. ¿Quién ganará la Copa Mundial 94?

El árbitro hizo sonar el silbato y levantó los dos brazos hacia el cielo. Estaba decretando el término de la prórroga en el partido final de la Copa Mundial 94, entre Brasil e Italia. Yo estaba de pie en el estadio El Tazón Rosado y junto a la perpleja hinchada brasileña no podía creer lo que estaba viendo.

Fuimos testigos de 120 minutos de uno de los más indecisos partidos de la historia del fútbol. Cada jugada producía expectativas que terminaban por no cumplirse. Ninguna de las jugadas espectaculares había conseguido romper el encanto. Ningún gol había liberado el grito que cada brasileño tenía en su garganta.

Ocurría lo que nadie podía haber soñado o imaginado: la responsabilidad por la conquista del tetracampeonato estaba en los pies de Romario, el héroe nacional de Brasil. Súbitamente, las esperanzas del pueblo brasileño cayeron en las controvertidas manos de Taffarel, el arquero de Brasil. Por primera vez en la historia de todas las copas, el campeón del mundo saldría por cobro de penaltys.

Sin embargo, no solo Brasil estaba con los ojos clavados en cada lance. El 17 de julio de 1994 fue el día en que la tierra se detuvo. Más de 2.500 millones de personas en todo el mundo veían este último partido. Más de las que vieron el descenso del hombre en la luna, la coronación de la reina de Inglaterra o la ceremonia de apertura de las últimas olimpíadas. Más de la mitad de la población del planeta mantenía los ojos pegados de la pantalla del televisor.

Quienquiera que ganara esta disputa en penaltys, Brasil o Italia, sería el primer tetracampeón mundial de fútbol.

Mientras el arquero italiano Pagliuca y el brasileño Taffarel caminaban juntos en dirección al arco, todo el planeta observaba y cada persona animaba a su favorito.

¡Adelante, Brasil!

Las calles brasileñas estaban desiertas.

Los trabajadores de servicios básicos mantenían por lo menos un ojo en la televisión o escuchaban la radio. Por primera vez en mucho tiempo la selección de Brasil tenía la posibilidad de ganar su cuarto campeonato. Todos los brasileños creían que su equipo lo iba a lograr.

No solo era la oportunidad de repetir la gloria de la Copa de 1970, ganada también contra Italia. Era una oportunidad para reivindicarse de todas las copas perdidas que estaban atascadas en las gargantas brasileñas.

El comportamiento de los brasileños había sido el mismo desde el primer partido. A las dos o tres de la tarde se podía caminar por las calles, mirar a los ojos de los transeúntes (o pasajeros de autobuses, autos, taxis y metro) y estar seguro de una cosa: Que se dirigían a ver jugar a Brasil. Todo el país estaba pletórico de esperanza. Ninguna otra pasión podría lograr tal unidad nacional.

Como deporte popular, el fútbol es la alegría de las multitudes.

Todo el mundo lo discute, vitorea o tiene una opinión. Hay una razón que motiva esta situación: los brasileños toman el fútbol muy en serio. Aunque hablen con sensatez acerca de estadísticas y técnicas, el fútbol es un asunto profundamente emocional para ellos.

Por algún engaño del corazón, la realidad en el gol y en las graderías parece más vívida que la propia vida. Los hinchas no tienen otra opción. Lo único que pueden hacer es seguir la pelota que va de un lado a otro de la cancha, llevando la esperanza de un país entero.

Exactamente como las anteriores, esta no es una copa fácil para Brasil. Los partidos están llenos de tensión y sufrimiento, y las victorias son apretadas.

La diferencia es que esta vez todo parecía salir bien.

Hasta ahora...

Grandes esperanzas

Nadie estaba tranquilo en las galerías del Tazón Rosado o en los sillones de las casas brasileñas. Por el contrario, la tensión entre los espectadores alcanzó niveles jamás imaginados cuando el árbitro hizo sonar el silbato al final de la prórroga. Si hubiera un instrumento capaz de medir el nerviosismo de toda la población, la aguja se habría salido del gráfico.

Cuando la prórroga finalizó sin goles, muchas personas, quizá la mayoría, perdieron las esperanzas de un triunfo brasileño. Todo habría concluido. Si San Romario, el pequeño ídolo dorado, no podía ganar esta Copa Mundial para Brasil, nadie más podría hacerlo.

Ahora el ganador se determinaría en una lotería de penaltys. Todo dependía de las manos de Taffarel, el guardameta brasileño. Este atravesaba últimamente una mala temporada en su carrera. ¿Salvaría la patria en un momento crucial de la historia nacional?

Pagliuca, el gran arquero italiano, caminó confiada y orgullosamente hacia el arco. Con audacia posó el brazo en los hombros de Taffarel. Sin intimidarse, el arquero brasileño se volvió a su oponente. «El ganador de esta copa será el predestinado para triunfar», dijo.

En Brasil muchas personas no soportaron la tensión, salieron de sus salas a detonar fuegos artificiales o a pensar en otras cosas.

¡Como si fuera posible!

En pocos minutos Brasil podría ser tetracampeón.

El zaguero italiano Baresi colocó la pelota en el punto de penalty. Dio unos pasos hacia atrás y se detuvo con las manos en la cintura. De pie en la línea de gol, Taffarel se inclinó hacia adelante, listo para saltar. Al borde de la cancha, los fotógrafos ajustaban el foco de centenares de lentes. Los locutores en las cabinas silenciaron, tomando hálito para el último grito. Los técnicos de televisión monitoreaban las imágenes que irían al aire vía satélite. Nada debía salir mal en esta última escena del mayor espectáculo del planeta. Los brasileños clavaron las uñas en los brazos de sus sillones. Todo el mundo contenía la respiración.

Al sonar el silbato del árbitro, Baresi corrió rápidamente en dirección a la pelota.

El pensamiento de que todo había concluido no abandonaba mi cabeza mientras veía a Baresi correr en dirección a la pelota. Dos meses de entrenamiento y partidos amistosos habían llevado la selección brasileña a la final, pero no al título. Se puso al servicio del equipo brasileño la tenacidad y el talento de los jugadores, la experiencia del director técnico y de los preparadores, y el apoyo de los patrocinadores, pero nada de eso pudo producir un solo gol en el partido más importante de la Copa.

Se hizo todo lo que se podía hacer y nada se había logrado.

¿Qué más se podía hacer en aquel momento dramático en que la decisión dependía del cobro de los penaltys? ¿Qué podía hacer el técnico Parreira, que ya no hubiera hecho?

Con el inminente final que dependía de los tiros penaltys, ¿qué podría asegurar el triunfo para Brasil? ¿Alguno de los jugadores? ¿Las condiciones físicas? ¿El pensamiento positivo? ¿La tranquilidad?

Dos mil quinientos millones de personas en todo el mundo se aglomeraban delante de sus pantallas de televisión. Todos querían saber quién sería el ganador de la Copa Mundial.

Una idea pasó por mi cabeza con la misma fuerza de la patada de Baresi. De repente, yo sabía la respuesta a todas esas preguntas.

Sin embargo, puede ser que mi respuesta no sea la misma que tú esperas.

El año del tetracampeonato

«Brasil no es un país serio», declaró cierta vez el general Charles De Gaulle, presidente de Francia. El líder francés tenía razón en gran medida. Sin embargo, se olvidó de que a pesar de que las malas políticas económicas y gubernamentales convirtieron al país en el hazmerreír entre las naciones, Brasil nunca dejó de tomar muy en serio los deportes. ¿En qué medida otro campeonato mundial podría contribuir a cambiar el panorama nacional?

Tres millones de estupefactos brasileños miraban deslumbrados hacia el cielo de Copacabana. La noche se iluminó con la brillante lluvia de colores de los fuegos artificiales que saludaban el inicio de un nuevo año: 1994.

No iba a ser fácil despertar de la dulce ilusión de las cascadas coloridas que rayaban la noche del año nuevo, a la realidad del primer día de trabajo. El horizonte que se levantaba en el comienzo de ese año era negro e incierto.

Era un año de elecciones, pero ¿quien iría a poner su atención en los políticos? Los brasileños no tenían muchas esperanzas en ellos después de sus desatinos federales.

Se hablaba de un nuevo plan económico que sacaría del pozo al Brasil. Pero, ¿quien confiaría en otra ronda de promesas? ¿No habían tenido suficiente con el fracaso del *Plan Cruzado*[1] y de la inesperada confiscación de las cuentas de ahorros?

Aunque nadie quisiera estar de acuerdo con Charles De Gaulle, la verdad era que treinta años después Brasil seguía siendo motivo de bromas acerca de su situación política, social, económica y ecológica.

En la senda de un cuarto triunfo

Por fortuna, ¡1994 era un año de Copa Mundial! Era el año de gritar, sufrir, saltar de alegría, lanzar fuegos artificiales y hablar de manera incansable sobre el tema.

El fútbol no es solo emoción. El fútbol es una de las pocas cosas serias y estables en un país en que las reglas de juego en la política y economía cambian casi todos los días. Este deporte mantiene las mismas reglas desde que se inventó, las que se cumplen religiosamente.

Solo algo tan serio y emocionante como el fútbol puede hacer que el brasileño desvíe su pensamiento del hambre, la inflación, la corrupción, la impunidad criminal y la violencia.

Nadie confiaba ciegamente en su selección. Algunos la criticaban abiertamente. Sin embargo, los brasileños son muy optimistas y apasionados por el fútbol.

Había algo más. El corredor de autos Ayrton Senna finalmente había hecho realidad su sueño de correr en la escudería Williams. La suma del mejor automóvil, el mejor motor y el mejor piloto solo podría significar una cosa: ¡Un cuarto título mundial de Fórmula 1 para Senna!

¿Quién podría vencer al brasileño Ayrton Senna? Aunque no había unanimidad con relación al fútbol, todos sabían que el título de la Fórmula 1 estaba garantizado.

Brasil está aún entre los países del tercer mundo, pero la situación cambia cuando se trataba de fútbol, automovilismo,

1. Plan económico iniciado por el ex presidente Fernando Collor.

voleibol o baloncesto. En estos deportes el uniforme verde y amarillo no deja la menor duda de que Brasil está entre los mejores.

Solo el deporte podría rescatar la alegría y el orgullo nacionales.

Por eso el pueblo brasileño cultivaba un hilo de esperanza, una pequeña llama que provocaba una explosión de alegría, de la misma manera que los fuegos artificiales que iluminaron el cielo de las playas de Copacabana profetizaban un feliz año nuevo, contra todos los argumentos de la razón y del pesimismo nacional.

Era un año de Copa Mundial y de Ayrton Senna. Era el año que mantenía la esperanza de un cuarto campeonato mundial.

Misión Copa Mundial

A medida que se acercaba el año del campeonato mundial de fútbol, Alex Dias Ribeiro empezó a reconocer la importante misión a la que se enfrentaba a nivel deportivo nacional e internacional. Decidió renunciar a todo lo que estaba haciendo para entregarse de lleno a esa misión.

Aprendí importantes lecciones durante mis años como director de Atletas de Cristo, principalmente en la Copa Mundial 1990 y en los Juegos Olímpicos de Seúl en 1988. Estas experiencias me hicieron ver la oportunidad que teníamos por delante de comunicar el evangelio, el único mensaje capaz de transformar la vida de los brasileños y por consiguiente de cualquier ciudadano del planeta.

Por eso sentí que era de suma importancia ir a los Estados Unidos dos meses antes del inicio de la Copa Mundial. Aún no sabía cómo iban a salir las cosas, pero sentí que Dios tenía para mí una misión importante durante los partidos.

Las dificultades eran enormes

Para ausentarme de mi país durante tres meses debía abandonar las pistas. Esperaba regresar a las carreras automovilísticas y por tres años invertí mucho tiempo en los campeonatos brasileño y suramericano de Fórmula 3 y en la Copa Pakalolo.

Tendría que dejar de transmitir mi programa radial de alabanza que mantuve por tres años y medio en Sao Paulo.

Otra dificultad fue conseguir los recursos para el viaje. Ni Atletas de Cristo ni yo teníamos suficiente dinero para costear mi permanencia allá por tanto tiempo.

¡Lo peor de todo era separarme de mi familia!

Un paso de fe

Todo esto engendró en mí un gran conflicto entre la fe y la razón. Era la misma crisis que caracterizaba todas las decisiones importantes que había tomado en mi vida.

Contrariando la razón, compré a crédito un pasaje de avión y me fui a los Estados Unidos el 22 de abril. Lo hice basado en un llamamiento sobrenatural que ya conocía de experiencias anteriores. Tengo la costumbre de llamarlo un paso de fe, pues nada ni nadie me podía garantizar que habrían atletas cristianos en la selección. Incluso el técnico Parreira no anunciaría los nombres de los jugadores convocados hasta el 10 de mayo.

Sin embargo, desde hacía dos años estábamos pidiendo a Dios que nos diera en el equipo brasileño seis atletas comprometidos con Él.

Una mirada atrás

Los días que antecedieron a mi partida fueron tensos y apresurados, mientras me preparaba para el viaje.

Una paz muy grande llenó mi corazón cuando finalmente me dejé caer en el asiento del avión y este comenzó a carretear por la pista del aeropuerto internacional de Sao Paulo. Mi mente empezó a mostrar imágenes increíbles de las diez copas del mundo que he vivido.

Suecia 1958

En aquella época no existía la televisión ni los satélites, así que los brasileños no podíamos ver los partidos. Escuchamos en un viejo radio de tubos en casa de mi abuelo la victoria de Brasil sobre Suecia en la final. Durante la celebración que siguió, me di cuenta de algo que había permanecido oculto para este niño provinciano.

Acababa de descubrir mi pasión por el fútbol. Los nombres de Pelé, Garrincha, Vavá, Didí, Gilmar, Belinni y otros irían a estar para siempre en mi memoria.

Chile 1962

Esta vez ya tenía mi propio radio de cabecera y no me perdía ningún partido del Flamengo.[1] Junto a mi padre, que es también apasionado por el fútbol, seguí cada jugada de las semifinales. La estrella de Amarildo brilló al lado de Garrincha. Una lesión había dejado a Pelé fuera de la Copa.

Inglaterra 1966

En 1966 había desistido de ser jugador de fútbol y me había convertido en piloto de autos de carrera. Mi vida eran las carreras de automóviles; sin embargo, me uní a todo el país para ver esta copa en que Brasil sufrió la doble humillación de ser eliminado prematuramente, y a manos de Portugal.

México 1970

Todos juntos
¡Vamos Brasil! ¡Brasil!
¡Hurra por la selección!
Va rauda la corriente hacia el frente,
Como todo Brasil agarrado de la mano,
Todos unidos en una misma emoción.

Se me eriza la piel de solo recordar esta cancioncita. Esta fue la más maravillosa de todas las copas, empezando por la transmisión. Por primera vez pudimos asistir, vía satélite, en vivo y en colores a una Copa Mundial por televisión.

1. Flamengo es el equipo más popular de Brasil.

El talento en la cancha era increíble, así como el fútbol que mostraban los verde-amarillos en los pies de Gerson, Pelé, Tostao, Rivelino, Jairzinho, Carlos Alberto y tantos otros.

Entonces me di cuenta de que la Copa Mundial era uno de aquellos acontecimientos únicos, que pasan a confundirse con la historia y la vida de cada uno. Así como el descenso del hombre en la Luna, la muerte de Kennedy o la caída del muro de Berlín.

Alemania 1974

Yo corría en la Fórmula 3 en Nurburgring, Alemania, en 1974, cuando algunas personas que trabajaban en la embajada brasileña me invitaron a ver jugar a Brasil. Fue la primera vez que pude ver un partido de Copa en vivo. Desgraciadamente Brasil jugó muy mal. Aún recuerdo que desde las graderías el desesperado Jairzinho insultaba al melenudo Paulo César con un enorme repertorio de palabras obscenas. Por supuesto, el equipo no se entendía de ningún modo y terminamos perdiendo.

Argentina 1978

En 1978 me desligué de la Copa Mundial. Mis principales patrocinadores me anunciaron que habían invertido todo su dinero en trasmisiones por televisión de la Copa. Esto me dejó sin poder correr en la Fórmula 1. Me dediqué entonces a dirigir mi propio equipo en el campeonato europeo de Fórmula 2. Por esto no pude ver ninguno de los partidos y no recuerdo el nombre de ninguno de los jugadores brasileños. Solo sé que desde entonces Argentina se convirtió en la meca del fútbol y surgió un nuevo fenómeno llamado Maradona.

España 1982

Fuera de las pistas internacionales, y de nuevo en Brasil, sufrí apasionadamente por el gran equipo de Telé Santana, eliminado por Italia, cuando tenía jugadores extraordinarios como Zico, Sócrates, Júnior, Falcao y Toninho Cerezo.

México 1986

Dos penaltys perdidos y dos tiros en el travesaño hicieron llorar a Brasil. El equipo fue eliminado por Francia. Esa fue la primera vez que Atletas de Cristo participó en una Copa Mundial. Oramos mucho a la distancia por Silas y Müller.

Italia 1990

Esta fue mi primera participación directa en una Copa Mundial, invitado por los propios jugadores que pagaron mi permanencia en Asti y me consiguieron credenciales como parte del cuerpo técnico, de tal manera que pudiera tener acceso a la concentración.

Me hospedé en la casa de una familia italiana, en Asti, junto con José Luis, empresario de Jorginho. Nos reuníamos casi todos los días en el cuarto de Silas, en el hotel donde se concentraba la selección. Jorginho, Bismark, Mazinho y Taffarel, además de Ricardo Rocha, estaban siempre con nosotros.

El equipo pasaba por dificultades. Las relaciones personales eran tensas y la atmósfera interna no era la mejor. Muchas de nuestras oraciones y esfuerzos se dirigían a promover la unidad tan necesaria para el espíritu de equipo. Sin embargo, los intereses personales eran muy fuertes y el equipo padecía de una falta de propósito colectivo. Era como si nadie supiera por qué estábamos en Italia.

Poco tiempo antes del primer partido pude mostrar a la comisión técnica el videoclip que Atletas de Cristo acababa de producir. Se trataba de una canción cristiana llamada «La preparación del equipo». Al técnico Lazzaroni le gustó y estuvo de acuerdo en mostrarlo a todos los jugadores en una charla que iba a dar antes del partido inaugural contra Suiza.

Después del video, Silas tuvo la oportunidad de hablar a todos sus compañeros. Habló sobre la importancia de abandonar los intereses personales en favor del interés colectivo, que era el de ganar la Copa.

Silas fue muy convincente en su charla. Al terminar, Tita se puso de pie y dijo:

–Tengo una queja.

–¿Cuál? –preguntó Silas.

–¿Por qué no hicieron esa reunión antes? Debimos haber oído eso desde que nos convocaron.

Además de estar en las reuniones, José Luis y yo ayudamos a las familias de los jugadores. También ayudamos a coordinar la tarea de distribuir 200.000 folletos con los testimonios de Silas, Jorginho y Bismark.

A pesar de los problemas internos, el equipo jugó muy bien y venció en los tres primeros partidos. Sin embargo, terminó perdiendo con Argentina y fue eliminado.

Todos los jugadores estaban muy tristes con la derrota y algunos no pudieron contener las lágrimas.

Tita, todavía insatisfecho con la falta de unidad del equipo, dijo en el momento de la cena de despedida de la concentración, en Asti: «No perdimos contra Argentina. Perdimos contra nosotros mismos».

Vivir y aprender

A pesar del dolor de la derrota, las lecciones aprendidas en Italia fueron valiosísimas. Cuando el avión descendió en la pista de San Francisco, yo estaba plenamente seguro de que aquel sería el punto de partida para mi décima copa. La Misión Copa Mundial estaba por delante y yo no podía fallar.

Tragedia nacional

En medio de los preparativos para la Copa ocurrió un trágico accidente automovilístico. La muerte de Ayrton Senna llevó al Brasil a hacer una pausa y reflexionar. A pesar del duro impacto que tuvo en el corazón de nuestro pueblo, aprendimos muchas lecciones con su muerte. Una de ellas fue la unidad y la solidaridad en medio del dolor. Aprendimos también que Dios puede utilizar experiencias tan duras como esta. El mensaje de Senna, poco conocido mientras vivía, podría cambiar el destino eterno de cada hincha que se disponga a escucharlo.

Al llegar al aeropuerto de San Francisco me recibió Billy Ríos, un brasileño que vivía en los Estados Unidos. Él vestía la camiseta verde y amarillo de la selección brasileña y no cesaba de mostrar el entusiasmo de que la Copa Mundial se celebrara cerca de su casa.

Billy era pastor de la única iglesia de lengua portuguesa en el área de la bahía. Situada en Brisbaine, la pequeña iglesia de Billy no tenía más de cuarenta fieles. Sin embargo, él tenía grandes planes. Me habló de cómo las estadísticas del departamento de turismo pronosticaban una invasión de 70.000 brasileños que asistirían a los entrenamientos y a los partidos de la selección en Santa Clara, Stanford y Los Ángeles.

Después de conversar con Billy por diez minutos parecía como si lo conociera durante diez años, ya que teníamos mucho en común. Los miembros de la pequeña iglesia estaban tan entusiasmados como Billy acerca de su proyecto Copa Mundial. Es más, se convirtieron en apoyo importante para los jugadores, para sus familias y para nuestro ministerio durante la Copa.

Juntos tuvimos la idea de hacer y distribuir un folleto con la fotografía y la historia de Jorginho, que fue puesto en las manos de 200.000 personas en todos los partidos de Brasil y en las calles de San Francisco.

Conexión Atlanta

El interés de los estadounidenses por la primera Copa en su país era enorme entre los que sabían de fútbol. Con anticipación me habían invitado a participar en Atlanta del congreso de Sports Outreach America. Esta coalición reúne innumerables iglesias y organizaciones paraeclesiásticas que actúan en las áreas de deporte, recreación, comunicaciones, publicaciones especializadas y transmisiones en cadena.

Me familiaricé allí con individuos del ministerio Motor Racing Outreach. Tienen una iglesia móvil que acompaña las treinta y cuatro etapas del campeonato estadounidense Stock Car, la categoría más popular de automovilismo local.

Me llevaron a Talladega, Alabama, para dictar una charla a los pilotos, mecánicos, jefes de equipos y sus familias. Todos juntos forman una comunidad de trescientas personas. Quedé encantado al saber que más de la mitad de los pilotos en la carrera de las 500 millas de Talladega eran cristianos practicantes y comprometidos con Dios.

Después de la charla, minutos antes del inicio de la carrera, me invitaron a orar por cada piloto en la línea de partida ante una multitud de 120.000 espectadores.

Tragedia en la pista

Exactamente después de orar por la seguridad de cada piloto, recibí la trágica noticia de que Ayrton Senna acababa de morir en Imola, Italia.

¡No lo podía creer!

Él tenía tanta habilidad y era tan rápido y superior que parecía inmortal.

Su muerte fue un duro golpe para el mundo de los deportes y paró en seco al Brasil.

Ningún otro brasileño tuvo un funeral como el suyo.

Siguieron diez días de llanto, duelo y dolor en la televisión, en los periódicos y revistas, en las calles y en todos los corazones. El dolor unió a Brasil en su hora más triste, como si cada uno hubiera perdido un ser querido, un miembro de su propia familia. Ni el mismo Ayrton Senna se pudo imaginar cuánto lo querían.

En un país tan sufrido como el nuestro, él representaba el papel de héroe nacional: un valiente brasileño, un vencedor que siempre estuvo en la cima. Era el mejor símbolo contemporáneo del orgullo nacional.

Conmocionado con el súbito impacto de su muerte, el pueblo brasileño se detuvo a pensar en la vida y en la muerte. Ayrton se volvió un mito, y sus ideas sobre Dios y la eternidad hablaron después de muerto con más fuerza que cuando estaba vivo. Para quienes, como Ayrton, han tenido un encuentro con Cristo, la muerte no es el fin sino la bandera de largada para la vida eterna.

¡Adelante, Brasil!

Con la pérdida de Ayrton perdimos también nuestra esperanza de ver a un brasileño ganar por cuarta vez el título de campeón de Fórmula 1, que estaba garantizado. Ayrton Senna no vivió para convertir ese sueño en realidad.

Sin embargo, la vida continuaba.

En un intento por aplacar su dolor, los brasileños volvieron de nuevo sus esperanzas hacia el fútbol. ¿Seríamos capaces de romper la mala racha y ganar nuestro cuarto campeonato mundial, después de veinticuatro años de espera y frustración?

La lista de Parreira

Brasil, con sus 150 millones de técnicos de fútbol, esperaba con ansiedad la publicación de la lista de jugadores del técnico Parreira. Sin embargo, Alex ya había estado pensando en los nombres de esa lista por lo menos desde hacía cuatro años.

Este era el día.

Eran casi las cuatro de la tarde y yo esperaba con ansia un fax de Brasil.

Estaba en la oficina de Jim Riley, coordinador del departamento de deportes de la Iglesia Presbiteriana de Highland Park, en Dallas, Texas.

Me recliné en un sillón, con la mirada fija en el monitor de la computadora. No podía concentrarme en mi artículo para el periódico de Atletas de Cristo.

Había orado mucho por este día. Muchas iglesias y por lo menos cien mil lectores de nuestro periódico también estaban intercediendo en oración por que se convocaran seis atletas de Cristo para la selección.

¿Habría oído Dios nuestras oraciones?

El éxito de la Misión Copa Mundial dependía totalmente de su respuesta a nuestras oraciones por los jugadores que serían convocados.

A las cuatro sonó el teléfono en la oficina de Jim Riley.

–Hola Alex, ¿me das el tono de fax? –era Rose, mi secretaria, que llamaba desde Sao Paulo.

Me estaba enviando la lista de los veintidós convocados por el técnico Carlos Alberto Parreira, que iban a disputar la Copa Mundial de 1994.

–¡Olvídate del fax, Rose! ¡Léeme los nombres! –le dije demasiado ansioso. No podía esperar ni siquiera unos segundos.

–Taffarel, Zetti y Gilmar... Ricardo Gomes, Ricardo Rocha, Aldair y Marcio Santos... Jorginho, Cafú, Branco y Leonardo... Raí, Dunga, Mauro Silva, Zinho, Mazinho y Paulo Sergio... Bebeto, Romario, Müller, Viola y Ronaldo...

Mientras oía los nombres, contaba en los dedos el número de los que hacían parte del grupo muy especial para mí.

Entre los veintidós nombres que Rose iba leyendo, habían once novatos, once veteranos y siete cristianos: Jorginho, Taffarel, Mazinho, Zinho, Paulo Sergio, Müller y uno más. El séptimo jugador había dicho sí a Jesús recientemente, en una reunión dirigida por Joao Leite (uno de los arqueros brasileños más famosos y amados) durante la final de las eliminatorias de la Copa de Belo Horizonte. Como aún no había declarado públicamente su fe, creímos mejor no identificarlo aquí.

Estaba tan feliz que tenía deseos de salir saltando para expresar mi profunda alegría ante la gran fidelidad de Dios en respuesta a nuestras oraciones. Orábamos pidiendo seis, y Él nos dio uno más.

Después de orar en acción de gracias, mi primera acción fue enviar un telegrama a los convocados:

«¡Felicitaciones por ser convocado!»

«Nosotros, los Atletas de Cristo, estamos seguros de que Dios tiene un plan muy especial para tu vida mediante tu participación en esta Copa Mundial».

«Te estaré esperando en Los Gatos para conversar, orar y hablar de la lluvia de bendiciones que por tu intermedio Dios va a derramar en la vida de muchas personas».

Pensé después en algunos de los jugadores cristianos que tenían esperanzas de ser convocados y que no lo fueron. Nombres como César Sampaio, Cléber y Evaldo, del Club Palmeiras.[1] Marcelinho Carioca también tenía esperanzas de que su excelente labor en el Corinthians[2] le diera un lugar en la selección.

Pensé en cuán difícil sería para ellos quedar fuera de un evento de esta magnitud, después de ser firmes candidatos. También les enviamos telegramas a estos hombres:

«Al principio nos quedamos tristes por no ver tu nombre en la lista de Parreira».

«Recordamos entonces que a los que aman a Dios, todas las cosas les ayudan a bien, esta promesa te incluye a ti aun cuando no hayas sido convocado».

«Que nuestro Gran Consolador fortalezca tu corazón con la certeza de que tu nombre está escrito en otra lista: la del Libro de la Vida. ¡Estás convocado a pasar la eternidad con Dios!»

1. Equipo de Sao Paulo
2. Equipo de Sao Paulo

Los escogidos

La publicación de la lista de convocados para una Copa Mundial es un momento mágico para cada jugador de fútbol. En medio de tantos jugadores sobresalientes, pocos son los escogidos para correr tras la codiciada copa. ¿Quién puede controlar la ansiedad en un momento como ese?

Los Atletas de Cristo convocados para la selección formaban un grupo muy heterogéneo. Tenían conocimiento bíblico, pero no todos tenían la misma estatura espiritual, experiencia de vida cristiana o las mismas creencias doctrinales. Sin embargo, todos creían que Dios tuvo que ver con que fueran convocados. Esto era algo muy importante que tenían en común.

Jorginho

Jorge Amorim Campos era un hombre clave en este ministerio. Entró al equipo de Cristo en 1986 cuando jugaba en el Flamengo, después de comprobar la influencia que tuvo Cristo en la vida de su hermano alcohólico que cambió por completo.

Jorginho tuvo la fortuna de ser parte de una buena iglesia. Fue discipulado por Ezequiel Batista da Luz, líder de Atletas de Cristo en Río de Janeiro. En este medio creció rápidamente en su vida espiritual antes de ser transferido al fútbol alemán.

En Alemania tuvo el apoyo total de *Sportler Ruft Sportler* [Deporte llama al deporte], una entidad semejante a Atletas de Cristo. Tuvo grandes progresos no solo por su talento excepcional, sino también como un eficaz testigo de Cristo.

Por su conducta ejemplar en la cancha ganó el premio al juego limpio que la FIFA otorga cada año a un jugador en todo el mundo.

Por todo eso, Jorginho obtuvo el respeto de sus compañeros del equipo como un modelo de comportamiento positivo.

Su equipo, el Bayer de Munich, se acababa de convertir en campeón alemán con el gol de la victoria marcado por Jorginho. No sorprendió a nadie que lo hubieran escogido para jugar en la Copa Mundial. Esto fue lo que dijo cuando recibió la noticia: «Yo esperaba esta convocación desde 1987. Mi mayor expectativa era saber cómo me iría en esa Copa. Sé que todo es una respuesta a la oración. Muchos han estado orando; estoy emocionado y agradecido a Dios de que fuera escogido».

Taffarel

Claudio André Taffarel tuvo su encuentro con Cristo en las Olimpíadas de Seúl en 1988, después de que Jorginho y el zaguero Batista le explicaron claramente el plan de salvación a través de Cristo.

De ahí en adelante jamás perdió una sola reunión de Atletas de Cristo. Pero, aunque parezca increíble, Taffarel jamás puso los pies en una iglesia durante todos esos años.

Por eso no ha crecido mucho en sus conocimientos bíblicos. Sin embargo, su amor sincero por el Señor y su fe despertaron en él anhelos de aprender y de poner en práctica las cosas de Dios.

Él estaba entrenando en Italia cuando supo que su nombre apareció en la lista. Arquero del Regiana en la última temporada, Taffarel soñaba con esa convocación desde la Copa de 1990. A pesar de pertenecer a la selección brasileña desde 1985, había atravesado una situación difícil, de la cual solo se recuperó a finales de 1993.

Debido a las reglas del fútbol italiano, que limita el número de extranjeros en la cancha, Taffarel estuvo en el banco de reservas toda una temporada. Esto bajó su forma técnica, lo que complicó enormemente su carrera.

–Pensaba que me podían llamar para jugar en la copa –manifestó–, pero no sabía que hacer. La responsabilidad es muy grande.

Taffarel habló con su esposa Andrea, el mismo día que supo la noticia, sobre el viaje a los Estados Unidos.

–Las esposas de los otros jugadores van a la Copa –le dijo Taffarel tranquilamente–. ¿Quieres ir también?

–Voy contigo –contestó ella enseguida.

Andrea sentía que ella y su marido estaban saliendo de la mala racha más unidos aun y más dependientes de Dios. Veían también en la convocación la oportunidad que Dios le estaba dando a Taffarel de crecer en gran manera como profesional.

–Cuando estaba en Italia pasando la difícil situación –continúa ella–, yo soñaba siempre con que Dios cambiaría todo. Él hizo que Taffarel fuera convocado y que tuviera la oportunidad de ir en pos del título de campeón mundial. Cuando me invitó a ir con las esposas de los otros jugadores, tuve la certeza de que iba a ver con mis propios ojos su victoria y la de Brasil.

Taffarel miró a su esposa, embarazada de cinco meses, y a su hijita Katherine de un año de edad. Sabía que un estadio abarrotado, para un partido de Copa Mundial, no sería el lugar ideal para este frágil trío. Pero sabía también que Andrea sería un apoyo importante en los momentos de gran presión que vendrían.

Aunque no iba a ser fácil, estuvieron de acuerdo en ir como una familia.

Desde su encuentro con Cristo, los dos habían cambiado por completo su manera de encarar las cosas. Sin embargo, Taffarel temblaba de la emoción mientras arreglaba las valijas. Sentía que ser escogido para jugar en una Copa Mundial era como defender un penalty: era algo que no se presentaba todos los días.

Mazinho

Conocí a Mazinho en las olimpíadas de Seúl, en las reuniones que hacíamos con Batista y Jorginho en la villa olímpica. Pero Iomar do Nascimento (su verdadero nombre) solo empezó a hacer parte del equipo de Cristo en las semifinales de la Copa Mundial 1990, cuando hizo amistad con Silas y Baltazar.

Como reserva del lateral izquierdo en la copa de Italia, Mazinho no perdió ninguna de las reuniones que hacíamos en el cuarto de Silas en la concentración. Después de la Copa firmó contrato con el Fiorentina de Italia y no asistió más a una iglesia o a una reunión de Atletas de Cristo. Al volver a Brasil jugó como mediocampista en el Palmeiras, donde experimentó altibajos en su vida profesional y espiritual. Sin embargo, pocas semanas antes de la convocatoria su vida empezó a mostrar señales positivas de cambio.

Al contrario de la mayoría de los convocados por Parreira, Mazinho no había participado de las eliminatorias. Pero jugó muy bien en el Palmeiras en dos partidos claves que tenían un espectador muy especial: Carlos Alberto Parreira.

Parreira colocó a Mazinho en la lista de reservas, sin embargo el jugador fue el más solicitado por la hinchada en la primera fase de la Copa.

Cuando falleció su amigo Denner en un accidente automovilístico en Río, la madre de Mazinho, que vivía en el noreste brasileño, escuchó solo que había muerto un jugador del Palmeiras. Conmocionada con la posibilidad de que la víctima fuera su hijo, le dio un ataque cardíaco y murió.

Como resultado de estos dos acontecimientos Mazinho se volvió a Dios de manera muy seria.

Paulo Sergio

«¡Gracias, Jesús! ¡Gracias!»

Paulo Sergio do Nascimento no cesaba de repetir estas palabras, muy feliz, mientras conducía su BMW por la *autobahn* (una autopista alemana). Jugaba para el Bayer de Leverkusen, Alemania, y todo le estaba saliendo muy bien.

Paulo Sergio se dirigía velozmente a su casa porque deseaba contar a su esposa Merly que lo habían convocado para la selección.

Desde 1990, la vida del mediocampista Paulo Sergio dio un cambio radical. Sentía que el mismísimo Dios había tomado su destino en sus manos, desde que entregó su vida a Jesús mediante el ministerio de Odair, lateral del Novorizontino.[1]

Al contrario de Mazinho y Taffarel, Paulo Sergio asistía con regularidad a una buena iglesia y juntamente con su esposa creció con rapidez en la fe. Ella fue siempre un gran apoyo, tanto para su carrera en el fútbol como para las cosas de Dios.

Al mudarse para Alemania, Paulo Sergio sacó ventaja del mismo apoyo que los cristianos de allá ofrecieron a Jorginho, quien ya estaba jugando en el Bayer.

Paulo Sergio vio crecer su esperanza de ser convocado después de una excelente actuación en la selección, en un partido amistoso en Francia contra el París Saint Germain.

Pero la certeza vino cuando vio su nombre impreso en el diario del día siguiente. ¡Era verdad! La emoción de ser convocado se mezcló con una fuerte sensación de responsabilidad: ¡Iba a disputar la Copa con los mejores del mundo!

Zinho

Lo primero que Crisan César de Oliveira recuerda haber hecho después de que viera su nombre en la lista, fue agradecer a Dios. El mediocampista Zinho (como todos lo conocen) sentía que ser convocado era al mismo tiempo un regalo del cielo y una recompensa por el esfuerzo demostrado en su actuación como profesional.

«Me sentía tranquilo y preparado debido a la valiosa experiencia con el Flamengo y el Palmeiras», comentó Zinho. «Cuando vi mi nombre en la lista me sentí recompensado por mi duro trabajo».

Poco a poco Zinho se iba acostumbrando a mirarse a sí mismo como un atleta cristiano. Empezó por participar en las reuniones con Marcelinho y Jorginho, cuando todavía jugaban en el Flamengo. Cuando se unió al Palmeiras se hizo amigo de César Sampaio, recibió una Biblia y fue algunas veces a la iglesia.

Leyendo la Biblia y meditando en ella, fue constatando que Jesús realmente había entrado en su vida y estaba en control de su destino.

1. Un equipo de una pequeña ciudad en el Estado de Sao Paulo.

«Todo lo que he logrado vino de las manos de Dios», manifestaba siempre que tenía la oportunidad.

Müller

Nacido y criado en un hogar cristiano, Müller posee una riqueza de conocimientos bíblicos, capaz de causar envidia a todos sus compañeros. Su único problema es que le cuesta poner en práctica los principios que conoce muy bien. En las Copas de 1986 y 1990, estaba tan alejado de los caminos del Señor, que no quiso saber de compañerismo con el equipo de Cristo.

Sus actividades fuera de la cancha terminaron por afectar su actuación como jugador en Italia y en el equipo Sao Paulo F.C. Hasta el último minuto nadie sabía cuál sería su participación en la Copa Mundial.

Titular absoluto en las Copas de 1986 y 1990, al lado de Careca, Müller tuvo su gran oportunidad de mostrar que estaba listo para volver a la selección durante un partido amistoso contra la selección de Argentina, en Recife.[2] Convocado en el último momento en lugar de Romario, que no pudo ir, Müller jugó un partido glorioso y así garantizó su lugar en la lista de Parreira.

2. Una gran ciudad en la costa nororiental del Brasil.

La preparación del equipo

La unidad es fundamental en todos los deportes que se practican en grupo. En una Copa Mundial es a menudo sumamente difícil alcanzar un clima de unidad debido a las presiones de un duro entrenamiento y a la competencia entre jugadores. Sin embargo, la historia de la selección brasileña en la Copa 1994 fue muy diferente.

Uno a uno, bajo la mirada de la prensa internacional, los convocados de la selección brasileña llegaban a Río de Janeiro.

La primera actividad como grupo fue pasar por un riguroso examen, el más detallado en la historia del fútbol brasileño. Los jugadores pasaron todo un día en el laboratorio del Instituto Científico de Actividad Física de la Fuerza Aérea, bajo la supervisión del preparador físico Moracy Santana del Sao Paulo F.C.

Las pruebas midieron la resistencia de los futbolistas en situaciones extremas de fatiga. Determinaron la composición muscular y el porcentaje de grasa de cada uno. Otra prueba mostró el promedio de velocidad que un jugador puede mantener durante una hora. Cuando se conocieron los resultados, los aleros derechos Cafú y Jorginho obtuvieron los mejores resultados.

Terminadas las pruebas, los entusiastas jugadores subieron la sierra hasta la Granja Comary, en Teresópolis,[1] un campo de entrenamiento operado por la Confederación Brasileña de Fútbol (CBF).

En base a los resultados de los exámenes, el preparador Moracy definió el programa de trabajo para las primeras semanas de entrenamiento. Sin utilizar un balón de fútbol, los hombres trabajaron duro hasta alcanzar el estado físico perfecto. Fue en la Granja Comary donde estos jugadores de talla mundial pisaron juntos la cancha por primera vez.

Los planes de reunirse

–¿Cuando vamos a empezar, hermano? –preguntó Paulo Sergio a Jorginho después del entrenamiento en la Granja Comary.

–¿Empezar qué? –inquirió el extrañado Jorginho.

–¿Cómo que qué? ¡Nuestras reuniones, por supuesto! –dijo sonriendo Paulo Sergio.

Jorginho se sorprendió con agrado. Desde el primer día en el campo de entrenamiento había pensado en iniciar de nuevo las reuniones de Atletas de Cristo, pero primero planificaba proponer la idea para ver la reacción de los demás. Ahora descubría que Paulo Sergio también pensaba en las reuniones.

–Bien –continuó Paulo Sergio–, los demás ya me están preguntando por las reuniones. Todos quieren participar, hasta los que no son cristianos. Así que, ¿cuándo empezamos?

–¿Qué te parece hoy en mi cuarto? –contestó rápidamente Jorginho. No quería desaprovechar esta magnífica oportunidad.

–¡Perfecto! Voy a avisar a los demás –dijo Paulo Sergio y salió corriendo.

La superación

Desde el principio había un sentimiento de unidad en el grupo.

La CBF había preparado una película de video llamada «La superación», una extraordinaria producción que incitaba a los

1. Un pequeño pueblo cerca de Río de Janeiro.

jugadores a superar sus propias limitaciones para ganar el título. Estaban todos presentes la noche en que Parreira pasó la película por primera vez. Entre otras cosas hablaba de las características de un equipo vencedor. La más importante de ellas ya estaba ocurriendo: la unidad incondicional del grupo. Se desafió al equipo a mostrar disciplina, humildad, fuerza de voluntad y disposición de dar lo mejor de cada uno.

Para finalizar, la película mostraba algunas de las estrellas del mundo deportivo. Se veían hombres que defendieron los colores de la selección en otras Copas al lado de los estelares de hoy. Al lado de Jorginho, Romario, Bebeto y Dunga, aparecían en la gran pantalla Pelé, Garrincha y Gerson. Para que los colores verde y amarillo pudieran cubrirse otra vez de gloria era necesario que cada uno tuviera la disposición de trabajar en conjunto para la unidad del equipo.

El impacto de la película fue enorme. Este mensaje iría a resonar en la mente y en el corazón de cada uno en todos los partidos de la Copa. Quizá esta no era la mejor selección brasileña de todos los tiempos, pero trabajaban duro para vencer sus propias limitaciones. Su deseo de triunfo, disciplina y unidad marcaría la diferencia en la final venidera.

«¡La Copa ya es nuestra!» salieron diciendo algunos de los jugadores llenos de convicción.

Todos estaban en el camino de la superación.

Con la Biblia en la mano

Jorginho estaba muy feliz. Todos los atletas cristianos asistieron a la primera reunión en el campo de entrenamiento.

Viendo el entusiasmo de los compañeros, Jorginho decidió tomar para sí la responsabilidad de preparar los estudios bíblicos para las reuniones. Con el ritmo pesado de los entrenamientos, esto sería prácticamente imposible.

Sin embargo, Paulo Sergio estaba allí con la Biblia en la mano, dirigiendo el estudio. Mazinho, Müller, Zinho, Ricardo Gomes y Taffarel estaban presentes y escuchaban con atención o interrumpían a veces para hacer comentarios.

Las reuniones empezaban con oración, seguían con estudio de la Biblia y terminaban con música. Algunas noches contaban con la presencia de invitados especiales en las reuniones. El masajista Luisao era de ellos. Otras veces llegaba Barreto, el encargado de los uniformes. Una vez llegaron los jugadores Bebeto y Viola, así como el señor Nelson, vocero de prensa del equipo.

Ninguno de los jugadores cristianos tocaba guitarra. Esto hacía que Jorginho extrañara las reuniones del pasado, animadas por el teclado de César Sampaio o la viola de Silas. Sin embargo, esto no hacía decaer el entusiasmo del grupo. Las reuniones en la Granja Comary terminaban con cánticos de alabanza, mientras las ranas y los grillos hacían el acompañamiento.

Primeras impresiones

Jorginho recordaba muy bien la Granja Comary. Para él, la concentración era un lugar de intensos períodos de entrenamiento. Recordaba la presión psicológica y el elevado nivel de ansiedad. Enfrentaba junto a los demás jugadores la amenaza de ser retirado del equipo. En sus frecuentes conversaciones con Taffarel, Jorginho comprendió que no era el único que luchaba con esos sentimientos.

Pero ahora Jorginho veía que la granja era diferente. En vez de la acostumbrada ansiedad reinaba en el grupo un ambiente de expectativa y gozo. Animados por el buen humor del zaguero Ricardo Rocha, todos empezaban cada día de entrenamiento con una sonrisa.

–En verdad no es fácil reunir cuarenta hombres, en los que cada uno tiene un punto de vista diferente –comentó Jorginho después de la Copa–. Esto solo significa problemas y pérdida de tiempo intentando resolverlos. Pero esta vez era diferente. Aparentemente Dios estaba poniendo ángeles alrededor de nosotros para que Satanás no nos alcanzara con sus maquinaciones. Cuando surgía algo que se pudiera convertir en problema, las personas involucradas eran las primeras en ayudar a solucionarlo.

Bebeto también recuerda el clima emocional en la concentración:

–El grupo estaba sumamente unido. Nos sentíamos vencedores desde el principio, unidos por la meta común de ser campeones.

–Todos teníamos un solo pensamiento –dijo Dunga–. Estábamos dedicados al mismo objetivo. Pensábamos más en el bienestar colectivo que en el individual, respetando siempre las opiniones de la mayoría.

Jorginho sentía que esta vez no habrían complicaciones. La paz que disfrutaban era un logro enorme, considerando que habían empezado con un grupo de personalidades muy diferentes: un conjunto de jugadores estrellas que brillaban en grandes equipos del mundo entero. Es más, era un milagro.

La partida

El entrenamiento en la granja Comary fue corto. En poco más de diez días llegó la hora de salir para los Estados Unidos. Al dejar el aeropuerto de Galeao, en Río de Janeiro, los jugadores llevaban con ellos la esperanza de toda la nación. Ahora llevaban la batuta, pero no estaban solos. En efecto, el país entero estaba con ellos en su búsqueda de un cuarto campeonato mundial sin precedentes.

El águila estaba en tierra

De los veinticuatro países participantes en la Copa 1994, Brasil era el favorito en la clasificación de la FIFA, en la bolsa de apuestas de Londres y en todo el mundo, a excepción quizás del Brasil. Todo el planeta tenía los ojos puestos en la selección brasileña. Por eso no sorprende que el 26 de mayo hubiera en San José una cantidad asombrosa de reporteros y periodistas.

Despertamos temprano ese día y viajamos apresuradamente desde la casa del pastor Billy Ríos, en Oakland, hacia el aeropuerto de San José.

En el camino hablamos sobre todo lo que haríamos después de la llegada de los jugadores y durante los partidos.

Al llegar vimos a la distancia lo que parecía una enorme águila plateada adornada de verde y amarillo. El DC-10 de Varig que había llegado con la delegación de Brasil estaba estacionado en la pequeña terminal nacional del aeropuerto de San José y parecía un monstruo. Debía tener al menos el doble de la altura de la terminal.

Una multitud de brasileños abarrotaba el área en espera de la llegada de sus héroes. Habían tomado el día libre para darles un recibimiento con bombos y platillos.

Corrí hacia la terminal mientras Billy estacionaba el coche.

El estudio del terreno

«Bienvenidos al aeropuerto de San José», decía una voz femenina cuando atravesé la puerta automática. Al entrar en la sala de espera, me di cuenta de lo difícil que iba a ser llevar a cabo la misión que teníamos en mente.

El lugar estaba atestado con centenares de personas que habían convertido la espera en fiesta.

Evalué la situación mientras caminaba lentamente por la sala. Fotógrafos, periodistas y guardias de seguridad formaban una barricada que mantenía separaba los hinchas de la puerta de desembarco. Vestidos de verde y amarillo, los bulliciosos hinchas eran en su mayoría brasileños que vivían en Estados Unidos. Sin embargo, había también muchos curiosos de otros países que ansiaban saber lo que pasaba.

Los jugadores no iban a poder cruzar por aquella multitud. Por experiencia yo sabía que la selección no iba a entrar por el túnel de acceso al salir del avión. Debía haber una sala de prensa en algún lugar, donde los periodistas acreditados tendrían la oportunidad de entrevistar a los jugadores antes de salir para su hotel.

Era mi oportunidad. Tenía que encontrar esa sala.

¡Admisión restringida!

Si yo no podía encontrar la manera de hacer contacto con nuestros atletas el primer día, me arriesgaba a no verlos más hasta el fin de la Copa. La seguridad alrededor del equipo era intensa, eficiente e incesante.

Justo frente a mí vi dos policías que guardaban la estrecha puerta de acceso a la sala de prensa. Altos, fornidos y barrigones, exhibían estrellas de sheriff en el pecho, lentes en la cara, pistolas automáticas, cachiporras, radios y esposas colgadas en la cintura.

A pesar de las barrigas, me parecieron en ese momento una formidable pareja de policías autómatas (robocops).

De vez en cuando un periodista corría hacia la puerta, mostraba la credencial que tenía colgada al cuello y desaparecía en el interior de la sala de prensa.

Yo también debía encontrar la manera de entrar allí. Todos mis planes dependían de eso, pero puesto que no tenía credencial de prensa, no sabía que hacer.

En Brasil, hubiera entablado la conversación y explicado mi problema, pero sabía que con la policía estadounidense no tendría oportunidad alguna. Aunque implorara de rodillas, esos tipos no me dejarían pasar. Estaba empezando a creer que de veras eran robocops.

De alguna manera tenía que pasar en medio de ellos.

Yo había hablado por teléfono con Jorginho exactamente después de que se conocieron los nombres de los convocados. Definimos un plan de acción para toda la Copa. Acordamos encontrarnos cuando la selección llegara al aeropuerto, antes de ir a la concentración. Esta sería la única manera de mantener contacto con los jugadores durante los partidos.

El plan parecía sencillo por teléfono. Ahora veía que en realidad iba a ser difícil llegar hasta los jugadores.

El manto invisible

Era el momento de poner en práctica el único plan que me vino a la cabeza: recurrir al Jefe Supremo:

«Señor, ayúdame, porque sin tu ayuda mi misión termina aquí. Abre esa puerta, te lo pido en el nombre de Jesús».

Empecé a caminar valientemente en dirección a la puerta de la sala de prensa. Por fe, con la mejor cara de determinación que me pude armar, pasé por el angosto espacio que dejaban las barrigas de los dos guardias.

Ellos no se percataron de mi presencia. Fue como si no pudieran o no quisieran verme. Instantes después me encontraba en el interior de la sala de prensa. Había entrado sin credencial.

«Gracias, Jesús, muchas gracias». Oré mientras buscaba un lugar para sentarme.

La sala estaba repleta de periodistas que esperaban el inicio de la rueda de prensa. Me senté en una de las sillas de la primera fila e incliné la cabeza mientras esperaba la llegada de los jugadores. Esperaba que nadie se fijara en mí.

Uno de esos abrazos

El primer jugador cristiano en aparecer fue Jorginho. Caminaba con la cabeza baja, y cuando me vio mostró la mejor sonrisa que alguien se pueda imaginar.

Mientras nos abrazábamos sentí gozo y paz que solo podrían venir de Dios.

Esta vez triunfaremos, pensé emocionado. *La selección está en buenas manos.*

—Mira, Jorginho —le dije, extendiéndole una tarjeta—. Aquí está mi dirección y mi teléfono. Si no te pones en contacto conmigo, nada podré hacer.

Jorginho tomó la tarjeta y la puso en su bolsillo.

—No hay problema, Alex. Hoy mismo hablaré con el jefe de la delegación. Puedes estar seguro de que tendremos nuestras reuniones.

Me despedí rápidamente, abracé a los otros jugadores que conocía y regresé a mi silla. La rueda de prensa iba a comenzar.

—Alex, ¿cómo pudiste pasar en medio de esos policías? —me preguntó asombrado Billy Ríos, después de que concluyera la rueda de prensa.

—No me vieron —respondí sonriendo.

El viaje a Los Gatos

La delegación brasileña se concentraría en el Hotel Villa Felice en Los Gatos, California, bajo una rígida disciplina interna. A excepción de los horarios establecidos para las conferencias de prensa, las puertas no se abrían a nadie. O casi a nadie.

Mucho antes de que la selección descendiera del avión, el sonido de los tambores brasileños marcaban el ritmo de la fiesta en el aeropuerto. Mazinho sonrió satisfecho cuando vio allí reunida la hinchada brasileña. El calor, la samba y la fiesta mostraban un poco de Brasil en los Estados Unidos.

Mientras caminaban por los corredores del aeropuerto, Zinho se sorprendió de la calma que sentía. A pesar de la recepción calurosa de la hinchada y de los elogios exagerados de la prensa, se sentía satisfecho por la conducta de la selección. Estaba convencido de que Dios mismo los había llevado allí. Pensó entonces en la importancia de mantener este sentimiento de serenidad en los partidos que vendrían.

Emocionado con el calor de la recepción, Taffarel comentó que la alegría en la multitud era tanta que parecía que Brasil ya era campeón. Si así era en los Estados Unidos, ¿cómo sería en Brasil? De repente se volvió insoportable la responsabilidad de no decepcionar a su nación.

Paulo Sergio respiró aliviado cuando finalmente entraron en el autobús. El equipo estaba completo y ya nadie temía que lo sacaran. Miró alrededor y vio los rostros emocionados de sus compañeros que saludaban a la multitud. Si todo marchara bien, estos hombres serían los nuevos héroes de su generación. Sintiendo el corazón pletórico de alegría y responsabilidad, se sentó en un asiento con ventanilla para así poder honrar también a la hinchada.

Permiso concedido

Mientras nuestros héroes se alojaban en el hotel Villa Felice en Los Gatos, pasé el resto del día mudándome a casa de Jim y Sherry Valenta, un contratista estadounidense. Él y su esposa eran cristianos y me habían ofrecido alojarme durante las finales de la Copa. Me hospedaron en un cuarto provisto de computadora, líneas privadas de fax y teléfono y máquina contestadora. Ellos vivían a pocas cuadras del lugar de concentración y yo no podía estar mejor situado.

Aún no sabía si la comisión técnica me daría permiso para ingresar al hotel y llevar a cabo nuestras reuniones. Si sucedió en la Copa de Italia y en las Olimpíadas de Seúl, ¿por qué no iría a suceder en Los Gatos?

Sin conocer aún su decisión, ya me había puesto a pensar en los temas que quería abordar en aquellas reuniones. ¿Qué podría decir a un grupo de esperanzados pero nerviosos jugadores que estaban listos para dejar el corazón en la cancha? ¿Cómo demostrarles que la victoria dependía tanto de la bendición de Dios como del esfuerzo de cada uno?

Al día siguiente, cuando llegué a mi cuarto poco después del mediodía, encontré un mensaje en la máquina contestadora:

«Hola, Alex. Habla Jorginho. Todo está arreglado. Américo está de acuerdo en que te reúnas con nosotros. ¿Podrías empezar hoy mismo? Hemos programado la reunión a las siete de la noche, después de la cena. En la entrada habla con Moisés, él ya lo sabe. Te estamos esperando. Un fuerte abrazo. Que Dios te bendiga».

Profundamente emocionado interrumpí la grabación. Aunque estaba solo, dije en voz alta:

«Dios te bendiga, Jorginho».

De repente sentí sobre los hombros el gran peso de mi responsabilidad. Doblé entonces mis rodillas y oré hasta el final de la tarde, pidiendo la orientación de Dios sobre lo que les debía hablar. Salí temprano para el hotel, y justo antes de llegar a la puerta escribí en un papel cuatro temas que pasaron por mi cabeza.

Villa Felice

Fue Moisés, jefe de seguridad de la selección, quien me condujo al estacionamiento del hotel Villa Felice. Yo conducía un viejo Honda Civic 83, que me prestó Roger Oswald, un hermano en Cristo. Parecía extrano entrar tan fácilmente a un refugio al que todo el mundo quería invadir.

El lugar designado para nuestras reuniones era un refugio provisional donde se realizarían también las ruedas de prensa. Era una carpa que habían montado en el estacionamiento, a trescientos metros del edificio principal del hotel.

Con la Biblia bajo el brazo

El primero en llegar a la reunión fue Müller. No habíamos tenido la oportunidad de hablar durante mucho tiempo. Charlamos fuera de la carpa mientras esperábamos a los demás. Uno a uno fueron llegando: Jorginho, Mazinho, Taffarel, Paulo Sergio y Zinho, todos con la Biblia bajo el brazo. Nadie la había olvidado. Este grupo me impresionó mucho desde el principio mismo.

Frío, calor y oración

En Los Gatos, donde estábamos, hace mucho calor durante el día y mucho frío en la noche. Debido a que la carpa se enfriaba demasiado, Müller tomó la radio de Moisés y llamó al jefe de la delegación:

«Américo, aquí hace mucho frío. ¿Podrías conseguir otro lugar dónde reunirnos?»

Aun antes de que hubiéramos empezado la reunión, nos acomodaron en un corredor al lado del cuarto de juegos cerca del restaurante.

Nos sentamos alrededor de una mesa y pedí que cada uno hiciera una oración. Uno a uno, todos oraron en voz alta. Cuando terminaron, yo estaba aun más impresionado. En todos los años de trabajo con Atletas de Cristo nunca había oído oraciones tan fervorosas.

Preguntas y respuestas

–¿Por qué creen ustedes que Dios les ha permitido venir a disputar esta Copa Mundial? –les pregunté.

–Creo que Dios me trajo aquí para hacerme crecer espiritualmente –contestó Mazinho, el primero a hablar.

–Él quiere que seamos sal de la tierra y luz del mundo como un equipo –opinó Jorginho, acordándose de las palabras de Jesús.

–Dios nos trajo acá para que seamos testigos vivos al mundo entero, que va a estar con los ojos fijos en la Copa –dijo Paulo Sergio.

–Él nos trajo aquí para darnos la victoria –manifestó Müller.

–Tengo una pregunta –interrumpió Jorginho–. ¿Sería correcto pedir en oración que ganemos la Copa?

Cuatro temas

Cuando estuvieron en silencio, saqué del bolsillo el papel que había traído y empecé a hablar:

–Solo para que ustedes sepan que no estoy aquí de casualidad, miren –sostuve el papel en alto–. Esta tarde oré, pidiendo a Dios que me mostrara los asuntos que debíamos tratar durante las reuniones. Escribí entonces cuatro temas en este papel, y son los mismos que ustedes mencionaron, casi con las mismas palabras.

Se miraron con asombro.

–Esta es una señal de que el Espíritu de Dios nos está dando aquí gran unidad de propósito –agregué–. Estamos en el camino correcto.

Un programa repleto

La reunión terminó con una oración de agradecimiento por todo lo que Dios había hecho por cada uno de nosotros. El mismísimo hecho de que ellos estuvieran en ese lugar, significaba que cada uno estaba cumpliendo el sueño anhelado durante toda la vida de jugar en la Copa Mundial.

–¿Cuántas veces por semana se quieren reunir? –pregunté después de la oración.

–¿Qué quieres decir con cuántas veces por *semana*? –inquirió Mazinho.

–Nos queremos reunir todos los días –agregó Paulo Sergio.

–¿Todos los días? –sonreí, casi temiendo creer lo que había oído. Con el ritmo pesado de los entrenamientos, yo sabía cuán difícil iría a ser para cada uno de ellos. Pero con seguridad era Dios mismo quien estaba detrás de toda esa disposición. Contesté con muchísimo más entusiasmado del que ellos mostraron:

–¡De acuerdo! ¡Todos los días!

Difícil trabajo

Las primeras semanas fueron de intensa preparación para la selección brasileña en los Estados Unidos. Todo en esta etapa, desde las charlas de Parreira hasta la calistenia en los entrenamientos, era tedioso y agotador. Algunos jugadores se lesionaron en los primeros partidos de exhibición, lo que llevó a algunos observadores a pensar que se estaba exagerando en la preparación física del equipo.

Mazinho sentía el cansancio en todos los músculos cuando finalmente pudo estirar su cuerpo en la cama, después de un agotador día de entrenamiento. En el extremo del corredor, en el cuarto que compartía con Paulo Sergio, Jorginho difícilmente podía concentrarse en la oración. El agotamiento, combinado con la presión que motivaban los dos primeros partidos, era insoportable. A veces el cansancio era tan fuerte que tardaba mucho en dormir.

Pensando en su esposa Cristina, Jorginho miraba hacia el techo e intentaba relajarse.

Esos habían sido los días de entrenamientos más intensos que recordaban. El ritmo de los ejercicios se incrementaba al máximo. Después de cada sesión de entrenamiento, Jorginho sentía que forzaba peligrosamente su capacidad física. Estaba seguro de que sus compañeros sentían lo mismo.

Algunos de los jugadores venían de las finales del campeonato europeo. Otros, de diferentes etapas de campeonatos brasileños. La condición física variaba de jugador en jugador. Jorginho creía que el preparador Moracy estaba forzando el ritmo para llevar al equipo a niveles superiores de preparación física.

La moral era excelente a pesar de la dureza de la vida diaria. Además de la buena disposición, los pensamientos de «triunfo» ayudaban a que los jugadores soportaran los entrenamientos con paciencia y buen humor.

Los sobrevivientes irían a la Copa con una forma física envidiable, aun cuando estaban pagando un precio muy alto por ella.

También había un problema: no sabían si todos sobrevivirían.

Problemas internos

La rutina diaria de los atletas era más o menos así: despertar, desayunar, abordar el autobús e ir al entrenamiento en la Universidad San José. Después de entrenar toda la mañana, tenían una interminable sesión con la prensa, se bañaban y regresaban al hotel. Después del almuerzo dormían la siesta y volvían al entrenamiento de la tarde. Estaban de vuelta al hotel a las siete, cenaban y participaban de algún pasatiempo dentro del hotel o iban al departamento médico si necesitaban algún tipo de tratamiento.

Solo podían salir del hotel los días libres. Tenían que estar de vuelta a las once de la noche.

Para evitar que alguien no cumpliera el reglamento establecido, como ocurrió en la Copa de Italia, los propios jugadores crearon una comisión disciplinaria. Hicieron una lista de lo que podían y no podían hacer y acordaron que cualquier infracción tendría una multa de cincuenta dólares. La suma que se recaudara se donaría a instituciones de beneficencia.

Decidieron por elección quién manejaría el dinero y se encargaría de la disciplina. Jorginho salió elegido por unanimidad.

Los pros y los contras

La actitud de otros miembros del equipo hacia los Atletas de Cristo caía en tres categorías: los simpatizantes, como Bebeto, Viola,

Marcio Santos y otros. Luego estaban los indiferentes (la mayoría) y finalmente la oposición. Estos últimos, liderados por Branco, hacían bromas sobre los jugadores cristianos y se reían de ellos.

Un día surgió un problema y rápidamente se convocó una reunión entre los jugadores y el equipo técnico. El problema era grave.

Antes de que el equipo viajara a los Estados Unidos habían decidido que no se permitiría la entrada a ningún extraño en la concentración. No habrían excepciones.

«Hoy es el pastor», se quejaba Branco, «y mañana alguien va a querer traer a su hermano, su padre, su tía o su abuela».

Branco argüía que si la puerta de la concentración se abría a cualquiera, la situación se podría deteriorar hasta la confusión total, como ocurrió en Italia. Imagino que te habrás dado cuenta de que yo era el pastor a quien se refería.

Todos estaban de acuerdo en este punto. Sin embargo, Jorginho obtuvo el apoyo de algunos de sus compañeros incrédulos que se agregaron a los cristianos. Sugirió que para evitar cualquier confusión, nuestras reuniones volvieran a la carpa del estacionamiento.

La reunión terminó, pero Branco no parecía muy satisfecho con el resultado. Trataba de exasperarnos siempre que tenía oportunidad.

Día libre y acoso de los periodistas

El 30 de mayo fue el primer día libre para la selección en los Estados Unidos. En realidad todos estaban esperando la oportunidad de pasear y hacer compras. Puesto que yo ya conocía el área, me ofrecí acompañarlos y mostrarles algunos almacenes y centros comerciales.

Cuando llegué al hotel vi un ejército de periodistas que esperaban afuera, tratando de obtener una entrevista exclusiva de cualquier jugador. Sin embargo, ellos no querían nada con la prensa en su día libre.

Pasé inadvertido para los periodistas y entré al estacionamiento del hotel para recoger a los jugadores. Billy Ríos me esperaba afuera en otro auto. Estando adentro me di cuenta de que no podría meter a todos en mi vehículo. Salí entonces para pedir a Billy que llevara algunos en su auto. Intentaríamos llevar a todos en los dos vehículos y atravesar la puerta.

Jorginho, Bebeto, Paulo Sergio y Mazinho entraron en el viejo Civic. Aldair, Cafú y Müller entraron el auto de Billy. La esposa de Billy también estaba allí.

Cuando salimos nos siguieron muchos autos llenos de periodistas.

–Esos tipos jamás desisten –se quejó Mazinho–. ¡Ni siquiera en nuestro día libre!

–No te preocupes –le dije–. Vamos a escaparnos de ellos. Recordando mis días en las pistas de carreras, pisé el acelerador y le hice la seña a Billy de que se mantuviera pegado a nosotros.

Como en una persecución de película, salimos volando por una autopista.

–Nos siguen casi diez autos –contabilizó Mazinho, mirando hacia atrás.

Exigí todo lo que el viejo Civic podía dar, pero el embrague empezó a patinar y tuve que aminorar la velocidad. Rápidamente nos alcanzaron nuestros preseguidores.

Más tarde intenté otro truco. Conseguí entrar sin ser vistos en el garaje de una tienda de computadoras y aparatos electrónicos.

Nuestra alegría duró poco. Cuando entramos a la tienda, riendo a carcajadas, nos interceptaron los periodistas que habían entrado por el otro lado. Esta vez no tuvimos escapatoria.

–Hay ocasiones inevitables –dijo Billy Ríos mientras huía de las cámaras y los micrófonos.

Sueño en las reuniones

Basados en el entusiasmo inicial nos reunimos fielmente los tres primeros días.

Sin embargo, el programa de entrenamientos era tan fuerte, que yo leía el cansancio en los rostros de los presentes. Estaban completamente agotados por las actividades diarias. Pronto los menos fervorosos se quedaban dormidos en las duras sillas de nuestra helada carpa.

Asuntos indeseables

Siguiendo la secuencia de los temas que nos propusimos estudiar, llegamos al crecimiento espiritual. Esta fue la base de todos los demás estudios. Como no puede haber crecimiento espiritual sin comprometerse con Cristo, con la Palabra de Dios, con la iglesia, con el testimonio y con la ética cristiana, la carga se hizo más pesada para los nuevos en la fe.

Un día dije en mi estudio que si Dios usara en los cristianos de hoy el mismo rigor con que actuó contra Ananías y Safira (que murieron fulminados a causa de una mentirilla), todas las iglesias tendrían que tener una funeraria en el sótano.

«Creo que no voy a asistir más a las reuniones», le dijo asustado nuestro creyente más nuevo a Jorginho. «Más me gustaban las que teníamos en el Palmeiras en que cantábamos, orábamos y nos íbamos a casa. ¡Ese compromiso del que habla Alex no es para mí! No me siento preparado».

¿Separatistas?

El número de lesionados era tan grande que en determinado momento casi la tercera parte del grupo estaba en manos del personal médico. El tratamiento solo se podía efectuar después de la cena. Algunos de nuestros jugadores cristianos también empezaron a lesionarse.

«¿Quieres recuperar la salud o quieres ir a orar esta noche?», empezó a quejarse el doctor Lidio Toledo.

Los que no estaban en la lista de lesionados podían ir a jugar bingo o participar en otras actividades recreativas. El propósito era animarlos y aliviarles el tedio de la estricta rutina.

Me di cuenta que si continuábamos reuniéndonos todos los días, corríamos el riesgo de convertirnos en un grupo separatista y que se podría romper la unidad. Sugerí entonces que la reunión se efectuara una vez por semana, de tal manera que nuestros hombres pudieran participar en todas las actividades nocturnas con sus compañeros.

«No debemos exagerar», dijeron los jugadores cristianos. «Vamos a reunirnos dos veces por semana».

Eso fue lo que hicimos.

La primera baja

«¡Ay, mi pierna!», gritó Ricardo Gomes mientras se revolcaba del dolor en el césped.

Era domingo y el equipo jugaba un amistoso contra la selección de El Salvador. Los demás jugadores seguían con la vista la camilla que llevaba al defensa a la enfermería.

El médico diagnosticó que el jugador había sufrido una fuerte distensión muscular. Era muy poco probable que pudiera volver a jugar en la Copa. Fue separado del equipo el lunes, después de un examen de resonancia magnética. En un gesto de solidaridad, algunos jugadores fueron al cuarto de Ricardo Gomes para darle una palabra de consuelo.

Al salir del cuarto, Paulo Sergio miró a Jorginho con la preocupación dibujada en el rostro. Había pensado que desde la llegada a Estados Unidos no existía la amenaza de ser separados de la selección. Ahora veía que no eran tan invulnerables como pensaban.

Acompañé a Ricardo hasta el aeropuerto, cuando regresaba a Brasil. Él estaba muy triste y tuve que esforzarme para no llorar mientras intentaba consolarlo. Oramos juntos antes de abordar el avión. Nos despedimos y me quedé mirándolo mientras caminaba despacio por la puerta de embarque.

Esta sería su última oportunidad de jugar en una Copa Mundial, que ahora perdía a causa de su lesión.

La patada inicial

Los primeros adversarios de Brasil en la Copa de 1994 fueron también los más débiles. Doblegó sin dificultades a Rusia y Camerún, lo que le dio confianza y regularidad. La hinchada vibró, las redes adversarias temblaron, pero era demasiado temprano para conmemorar.

El impacto negativo de la pérdida de Ricardo Gomes se minimizó con la llegada de las esposas y familias de los jugadores. Aterrizaron en San Francisco la víspera del inicio de la Copa y los acompañarían en todos los partidos y en los días libres.

En el mismo vuelo llegaron Cristina y doña Teresa, esposa y madre de Jorginho; Valeria, esposa de Mazinho; Merly, esposa de Paulo Sergio; Andrea y Katherine, esposa e hija de Taffarel; y las esposas de Raí, Branco y Ricardo Rocha, además de los hermanos de Marcio Santos y Raí.

Acomodaron a estos familiares en otro hotel y podían ver a los jugadores solo en días y horas predeterminados. Sin embargo, el brillo en los ojos de los jugadores mostraba la importancia de la presencia de las esposas y familias.

No llega Cléber

El más firme candidato para substituir a Ricardo Gomes era Cléber, del Club Palmeiras. Nos emocionaba la probabilidad de tener otro jugador cristiano en la selección. Cléber estaba en gira con el Palmeiras cuando supo que podría integrar la selección. Esto fue lo que dijo:

«Estaba en Colombia y supe la noticia por teléfono. Estaba nervioso y sentía una opresión en el pecho. Experimenté una creciente sensación de responsabilidad, aun cuando sabía que solo era un candidato. Pero cuando Ronaldao fue convocado en mi lugar, tuve que admitir que era la voluntad de Dios. No fue fácil porque en mi corazón ya se había plantado la idea de integrar la selección. Me quedé triste, aunque no enojado con los directivos ni con Dios. Agradecí al Señor porque mi nombre fue tomado en cuenta».

Empieza el más grande espectáculo de la tierra

La pelota empezó a rodar en Chicago, primera etapa del mayor espectáculo del planeta. Alemania y Bolivia ofrecieron el acto de apertura. La victoria fue para los campeones del mundo 1-0.

Veinticuatro países iniciaron el maratón de cincuenta y dos partidos con la seguridad de que solo uno tendría la victoria: el nuevo campeón del deporte más popular del planeta.

Brasileños, bolivianos, portugueses, alemanes, coreanos, griegos, irlandeses, mexicanos y muchos otros extranjeros invadieron Estados Unidos, formando un nuevo folklore increíblemente diversificado.

Hinchas rabiosos del fútbol, periodistas, deportistas, cambistas, vendedores ambulantes, oportunistas, farristas, cada uno con su propio idioma, se confundían en esta reedición de la Torre de Babel. Sin embargo, a pesar de las enormes diferencias culturales, todo se movía alrededor de un aspecto común: el fútbol, el nuevo lenguaje universal.

En la concentración, los brasileños no perdían un solo partido por la televisión. Se analizaban las jugadas de sus adversarios y se formaban opiniones sobre los equipos que iban a enfrentar.

Brasil entra en escena

«¿Romario? ¿Quién es? No lo conozco. Jamás oí hablar de él», declaró el arquero ruso antes del primer partido de Brasil en la Copa Mundial.

«No hay problema», contestó Romario cuando supo el comentario del ruso. «Después del partido seguramente se acordará de mí».

La transmisión del partido en Brasil empezaría al final de la tarde del 20 de junio, pero los brasileños empezaron a dirigirse a casa desde el mediodía. A partir de las dos de la tarde tú podías ver los rostros de las personas en las calles y en las paradas de autobuses y sabrías sin duda a dónde iban. Si a las cinco de la tarde hubieras caminado desnudo por las calles, nadie lo habría notado puesto que esas calles estaban desiertas.

Armados con fuegos artificiales, banderas y serpentinas, todos los brasileños miraban la televisión, listo para gritar por su selección en su estreno contra Rusia.

Yo iba en un tren que me llevaría desde Los Gatos hasta el estadio de la universidad Stanford. En cada parada subían más y más personas vestidas de verde y amarillo. Cuando finalmente me bajé del tren, me sentí como si estuviera en medio del carnaval en Río de Janeiro.

Se veían miles de banderas y de personas vestidas de verde y amarillo bailando samba al ritmo de tambores.

Paré en el primer puesto que vi y compré una réplica barata de la camiseta amarilla de la selección. Ya tenía una bandera brasileña bajo el brazo. Me puse la camiseta e inmediatamente me sentí como en casa. También sentía orgullo de ser brasileño, como buen patriota que soy.

La doble ciudadanía

Encontré a Billy Ríos y al grupo de su iglesia. Estaban emocionadísimos.

Después de gastar todos los fondos para la construcción del templo en producir e imprimir doscientos mil copias del folleto de

Jorginho, ellos estaban ansiosos de obsequiarlo a cada aficionado al fútbol que entraba al estadio.

Con el sentimiento de que el folleto era una declaración poderosa de las prioridades en la vida cristiana, me uní a los que lo distribuían en la entrada del estadio.

Todo el mundo quería tener uno de nuestros atractivos folletos, debido a la pasión que despertaba la selección brasileña. Tenía una foto de Jorginho en la tapa y estaba impreso en inglés y portugués.

De pie en la entrada del estadio repartíamos el folleto tan rápido como podíamos. Sentí que este era un momento muy especial para todos nosotros. También sentía un orgullo muy grande de ser ciudadano del reino de Dios aquí en la tierra. Sé que la vida con Jesús es así, pero nunca deja de impresionarme.

La ruleta rusa

La cola para entrar en el estadio era inmensa y se movía muy lentamente, pero pudimos encontrar nuestros lugares en las graderías a tiempo de ver a los jugadores brasileños que entraban a la cancha tomados de la mano.

Se escuchó el himno nacional, los brasileños nos pusimos de pie y aplaudimos. El silbato del árbitro dio inicio al partido. Brasil estaba en la Copa Mundial de 1994.

Romario cumplió su promesa y fue el terror de la defensa rusa. Anotó el primer gol a los veintiséis minutos del primer tiempo, aprovechando un tiro de esquina cobrado por Bebeto.

Cualquier tensión que el equipo sintiera antes de esta primera aparición se deshizo a los pocos minutos de iniciar el partido. Jorginho y Leonardo hacían un trabajo extraordinario en el medio campo. A medida que subía y bajaba, Jorginho sentía crecer una confianza que nunca antes había experimentado.

En el inicio del segundo tiempo, Romario fue derribado dentro del aérea y el juez marcó un penalty. Raí colocó el balón en la red para poner el marcador 2-0. A partir de entonces los rusos se dedicaron al juego violento y sucio.

«¡Mi rodilla!», gritó Jorginho.

A mediados del segundo tiempo hubo una jugada inesperada. Jorginho es derribado violentamente por un jugador ruso y siente un dolor profundo en la rodilla izquierda. Pensó que estaba fuera de la Copa, al recordar el destino de Ricardo Gomes dos semanas antes. Ricardo se lesionó en una jugada semejante.

¡Levántate y anda!

Mi corazón se paralizó, mientras esperaba la repetición en la pantalla gigante. Después de ver la dureza del golpe en cámara lenta, llegué a la conclusión de que la pierna estaba probablemente rota. Empecé a orar por un milagro:

«Señor, levanta a tu siervo, ¡te lo pido en el nombre de Jesús!»

La camilla mecánica entró en escena por primera vez, llevando al lateral brasileño fuera de la cancha. Tendido en la camilla y luchando con el dolor, Jorginho sentía que muchas personas oraban por él en aquel momento.

«En el nombre de Jesús, regresarás a jugar», gritó alguien.

Jorginho abrió los ojos cuando la cabeza todavía le daba vueltas por el choque con el ruso. Era Paulo Sergio, que había corrido desde el banco de reservas y estaba a su lado aun antes de que la camilla saliera de la cancha.

Jorginho oró abrazado a Paulo Sergio en la orilla de la cancha, y a medida que oraba sentía el toque del poder de Dios sobre su rodilla.

Volvió inmediatamente a la cancha.

Al regresar al hotel después del partido, los compañeros bromeaban: «Te caíste solo porque querías estrenar esa novedosa camilla mecánica de fantasía».

Danza con Camerún

El fútbol alegre y espontáneo presentado por el equipo de Camerún en la Copa de Italia, unido al gran tamaño de los jugadores y a su audaz ataque, llevaron a la selección brasileña a considerar a Camerún como un adversario más peligroso que Rusia.

Sin embargo, Brasil tuvo dificultades solo en el primer tiempo. En el segundo tiempo el equipo adversario quedó desarmado después de la expulsión de Song. El resto del partido fue un paseo para el equipo brasileño, que venció 3-0.

El técnico Parreira aprovechó la oportunidad del desigual marcador para colocar a Paulo Sergio en lugar de Zinho y a Müller en lugar de Raí.

Los jugadores salieron del estadio muy felices. Les bastaba un empate en el próximo partido contra Suecia para terminar la primera fase del mundial como líderes absolutos del grupo.

Yo también reía cuando intentaba salir a empujones del estadio. Todo estaba saliendo bien. Muy bien.

La hora de la verdad

Suecia fue el primer adversario formidable que Brasil enfrentó en la Copa Mundial de Estados Unidos. Después de su primer partido, la selección decidió que habían muchos hombres en la defensa y que era necesario concentrarse más en el ataque. Con sus duras criticas al equipo y al desempeno de los jugadores, la prensa se convirtió en una piedra en el zapato de cada jugador brasileño.

Mazinho no sabía si seguir hablando o empezar a reír. La llama del fósforo se dirigía peligrosamente a quemar la punta de sus dedos.

«¡Adelante! ¡No te detengas! ¡Hazlo ahora!», lo animé.

El tema de aquella reunión era cómo relacionarse con la prensa. Los jugadores cristianos sabían que estaban en la Copa porque Dios deseaba que crecieran espiritualmente y que fueran un buen ejemplo para los demás miembros del equipo. Pero había otro motivo: Dios quería que fueran testigos para el mundo.

Para lograrlo tendrían que tratar con la prensa, por medio de la cual las personas podrían oír acerca de su compromiso con Dios.

Pronto descubrieron que no iba a ser fácil. El lenguaje periodístico era ágil, moderno y muchas veces hostil a las cosas de Dios.

Por lo tanto, ¿Qué estaba haciendo Mazinho con el fósforo? Intentaba dar un testimonio completo de su vida en Cristo antes de que el cerillo quemara sus dedos. El objetivo era adquirir la capacidad de hablar en muy poco tiempo sin decir tonterías.

Se hacía aun más difícil porque evitábamos el *cristianés,* o sea, el uso de palabras que solo entienden los creyentes.

Mazinho tiró al suelo el palillo y miró hacia mí, medio avergonzado.

«No lo conseguí» se disculpó.

«No importa. Inténtalo de nuevo».

Ganó habilidad después de unos pocos intentos más.

Difícil lenguaje

Mientras Mazinho y sus compañeros luchaban contra la agilidad de la prensa, representada por el fósforo encendido, Müller tenía su cabeza inclinada y leía la Biblia sin poner atención a lo que hacían los otros.

Cuando llegó su turno de hablar, prendió el fósforo y lanzó un sermón más o menos así:

«Yo vivía atascado en el lodazal del pecado, hasta que la gracia salvadora de Cristo me alcanzó y me llevó de la potestad de las tinieblas al reino de su amado Hijo. Ahora camino en la luz de los caminos del Señor y prosigo a la meta, al galardón del supremo llamamiento de Dios en Cristo Jesús, a fin de recibir la corona de la vida que me está destinada al presentarme delante del trono blanco de la gracia del Cordero de Dios».

Los jugadores se miraban sin dar crédito a lo que oían.

«Estás muy bien con el tiempo, pero el lenguaje que usas deja mucho que desear», comenté. «Imagina al pobre espectador que te ve en la televisión. ¡Nunca ha tenido la oportunidad de entrar en una iglesia ni de escuchar palabras como esas! No comprenderá nada y pensará que perdiste la razón».

Todos rieron menos Müller. El cristianés era para él un problema, tal como lo es para la mayoría de cristianos. Debido a nuestro vocabulario privado, no podemos comunicar con claridad el mensaje que todos deben escuchar.

Alabanza en Detroit

Debido al clima de hostilidad con la prensa, la concentración se hizo aun más inaccesible durante su estadía en Detroit. Se mantenía a los jugadores tan aislados que solo conseguí hablarles por teléfono. En consecuencia no tuvimos reunión antes de ese partido.

Nuestros héroes aprovecharon el aislamiento para relajarse y cantar. Formaron entonces una pequeña banda en la que Zico y Mazinho llevaban el ritmo. Atraídos por el entusiasmo del grupo, Bebeto, Viola y Mauro Silva se unieron al pequeño grupo de alabanza. Entre un cántico y otro, Jorginho explicaba el sentido de las palabras que cantaban.

Mientras esto sucedía, Billy Ríos y algunos cristianos que conocimos en Detroit me ayudaron a reunir un pequeño grupo, con el fin de distribuir el folleto con el testimonio y la foto de Jorginho en el día del partido.

Nubes negras

28 de junio. La selección brasileña entró en la cancha para el partido contra Suecia. Los jugadores usaban uniformes azules y entraron tomados de la mano. Era una vista hermosa capaz de intimidar al adversario.

Brasil llegaba con dos victorias relativamente fáciles contra Rusia y Camerún. *La tentación*, pensaba yo mientras me sentaba en las graderías, *era que llegaran al partido demasiado seguros de sí mismos.*

El Silverdome de Detroit fue el único estadio totalmente cubierto que se utilizó para partidos de la Copa. Por eso, aunque los jugadores hubieran mirado durante el calentamiento anterior al partido, no habrían visto los negros nubarrones que empezaban a oscurecer el cielo.

Empieza la tormenta

Fuera del estadio empezó a caer una lluvia recia que golpeaba la cúpula plástica del tejado.

En la cancha, los sueños de Brasil también se estaban mojando. La selección jugó muy mal en el primer tiempo y dio muchas oportunidades para la creatividad del equipo sueco. Kennet Anderson anotó un gol y al finalizar el primer tiempo Suecia ganaba 1-0.

La selección que entró a los vestidores brasileños al término de la primera parte no parecía en nada a la del principio del partido. Vencer a Suecia no iba a ser el pan comido que todos esperaban. Algunos jugadores habían entrado a la cancha pensando que 3-0 favorable a Brasil sería un buen marcador.

Ahora nadie estaba seguro de nada.

Una inyección de ánimo

Paulo Sergio, que estaba en el banco de reservas, acompañó a los jugadores titulares cuando se dirigían a los vestidores. La situación era peor de lo que había imaginado. Ni siquiera Jorginho era capaz de animar a sus compañeros. Finalmente Paulo Sergio se armó de valor y pidió permiso al técnico para decir algo al grupo:

«Escuchen compañeros, ¡podemos salir de esta situación! Nuestra gran equivocación fue menospreciar al adversario. Pero nada es imposible para Dios. Si confiamos en el Señor, Él puede revertir este marcador».

Se corrige la actuación

En el segundo tiempo, la selección entró más humilde y unida al campo de juego. Al mirar hacia la boca del túnel de ingreso a la cancha vi que Mazinho había entrado por Raí. Él sería el cuarto jugador cristiano en juego, juntamente con Jorginho, Zinho y Taffarel. En tres partidos disputados, los seis atletas de Cristo ya habían jugado como titulares.

La selección jugó de manera sincronizada. Llegaron las oportunidades de empatar. Romario anotó el gol del empate que daba a Brasil el liderazgo del grupo.

Salí del estadio aliviado, sin embargo, sabía que para los jugadores y la comisión técnica no sería fácil aceptar el empate. La presión iba a ser cada vez mayor. Aún quedaba por superar la parte más difícil.

Una mala impresión

Insatisfecho, Müller salió de la cancha gesticulando y hablando en voz alta al técnico Parreira. Para la prensa, que veía la escena a la distancia, Müller estaba tratando de labrarse un lugar como titular en el equipo. Sin embargo, los que estaban alrededor aseguran que no fue así.

Muchos no quedaron satisfechos con el empate. La prensa brasileña hizo toda clase de comentarios negativos sobre la actuación de Brasil.

«El equipo está pensando en suspender las conferencias de prensa hasta el final de la Copa», contó Jorginho en nuestra siguiente reunión.

«Pienso que no deben hacer eso», dije. «La prensa es su vehículo de testimonio. Un boicot sería solo otra excusa para hacerlos pedazos. La mejor manera de responderles es en la cancha (dando lo mejor de sí mismos)».

Al final de la reunión oramos pidiendo a Dios sabiduría para enfrentar y superar esta crisis.

Futuro incierto

El boicot no ocurrió, pero las graves críticas continuaron. Empezaba a levantarse una presión que permaneció hasta el final de la Copa.

Los cuatro partidos siguientes serían contra adversarios más poderosos. Brasil no se podía dar el lujo de perder un solo partido.

A partir de este momento ya nada iba a ser fácil dentro o fuera del campo de juego.

¿Es correcto orar por el triunfo?

Los jugadores cristianos de la selección estaban aprendiendo a relacionarse mejor con sus compañeros y con la prensa, sin embargo ellos también experimentaban las mismas presiones que sus compañeros. A medida que el tiempo transcurría comenzaron a traer a colación una pregunta que les había estado molestando: ¿Sería correcto pedir ayuda divina para ganar la Copa Mundial?

«Actúan así solo cuando están en grupo», le aseguró Jorginho a Paulo Sergio, refiriéndose a las bromas de sus compañeros de equipo. «Cuando hablas con ellos individualmente se portan de otra manera».

Las bromas y chistes pesados aparecían siempre que los jugadores cristianos se reunían con los demás. En realidad no era una persecución, pero las bromas eran tan frecuentes que los cristianos empezaban a molestarse.

«No tengo ningún problema», decía Zinho. «Lo que hago es reírme con ellos. Pero sé que son más duros con Jorginho. Ellos piensan que él pretende ser perfecto».

Jorginho se dio cuenta que lo mejor era hablar solo con cada uno. Lejos del grupo y con toda libertad de ser francos, la conversación era por completo diferente. Desaparecía la necesidad de ridiculizar y surgía un interés sorprendente por las cosas de Dios.

Después de casarse

Uno de los jugadores con los que habló Jorginho dijo que tenía interés sincero en dedicar su vida a Cristo, pero eso sería después de casarse.

Jorginho recordó su propia historia. Él también había decidido convertirse en creyente después de casarse. Temía no ser lo suficientemente firme para renunciar a las «cosas buenas» de la vida.

Pero la historia fue distinta. Emocionado, Jorginho le contó la influencia que Jesús había tenido en todas las áreas de su vida. Había cambiado la vida de «Don Juan» insatisfecho por la felicidad de casarse con Cristina y su fama de jugador violento por el título de jugador más leal del mundo.

¡Había sido más que un simple cambio!

La oración de Müller

De repente Branco dejó de molestar a los cristianos de la selección. El lateral izquierdo tenía otros motivos de preocupación.

Branco sufrió una fuerte distensión en el nervio ciático antes del primer partido de la Copa. No mejoraba a pesar del tratamiento y empezó a vivir con el temor constante de que lo sacaran del equipo.

«Müller y yo somos buenos amigos», nos dijo Branco más tarde. «Éramos los únicos del equipo que jugábamos por tercera vez en la Copa Mundial. Preocupado por mi situación, Müller me pidió que fuera a su recámara. Cuando fui, conversamos un poco y me dijo que deseaba orar por mí. Acepté y él oró. Fue una experiencia maravillosa (Müller nos contó después que ungió con aceite la espalda de Branco y reclamó sanidad en el nombre de Jesús). Esto era nuevo para mí, debido que nunca había asistido a las reuniones de los Atletas de Cristo. Ahora sé cuán importante fue para mí esa oración».

Müller cuenta que Branco fue sanado en aquel momento y rápidamente volvió a sus entrenamientos.

Como resultado, Branco nunca volvió a hablar mal de los Atletas de Cristo.

De interés general

¿Es correcto pedir a Dios que nos ayude a ganar la Copa?

De los cuatro temas que el Espíritu Santo me había dado en la lista original, este era el que más interesaba a nuestros héroes.

La Copa Mundial es un asunto muy serio para cualquier jugador de fútbol. Conquistar el tetracampeonato para su país era lo más grandioso que alguien podría esperar en este deporte, el que más se juega en todo el planeta.

Estábamos de vuelta en la carpa. Ahora nuestras reuniones eran en la mañana. Los seis que asistían estaban esta vez totalmente despiertos y me exigían una respuesta sincera a su interrogante: sí o no, preferiblemente sí.

–¿Es correcto pedir a Dios que nos ayude a ganar la Copa? –les devolví la pregunta.

–Sí –contestó Müller sin parpadear.

–Sí, es correcto –agregó Jorginho, seguido de Paulo Sergio, Zinho, Mazinho y Taffarel.

–¿Por qué? –insistí.

–Porque nuestro equipo posee más cristianos que cualquiera de los otros –fue el consenso general.

–¡Vamos! –repliqué–. Quiero un argumento mejor que este. Ni siquiera es verdad. Casi todos los jugadores coreanos son cristianos.

–Bien, sabemos que en el Antiguo Testamento Dios siempre ayudó a su pueblo –respondió Jorginho con la Biblia abierta.

Pedir y recibir

–Está bien, eso fue en el Antiguo Testamento –le dije. Empezaba a sentirme como el abogado del diablo, pero quería hacerlos pensar–. ¿Me puedes dar un ejemplo de esto en el Nuevo Testamento?

–Por supuesto –contestó Jorginho, abriendo la Biblia en el Evangelio de Mateo capítulo siete con la misma velocidad que lo caracterizaba en la cancha–. Aquí está: «Pedid y se os dará; buscad, y hallaréis; llamad, y se os abrirá. Porque todo aquel que pide, recibe; y el que busca, halla; y al que llama se le abrirá».

Todos estaban de acuerdo con Jorginho y me miraron. A pesar de que no dijeron una sola palabra, sus ojos decían: «¡Así es!»

Sueños deshechos

–¿Creen que yo no sabía eso cuando corría en la Fórmula 1?

–¿Qué quieres decir? –pude leer en sus miradas inquisidoras.

–Intenté con tanta firmeza que esos versículos se volvieran realidad que me volví calvo –dije, pasando mi mano por mi brillante calva–. Ayunaba y oraba. Quería que Dios me convirtiera en campeón del mundo. Sin embargo, mi carrera en la Fórmula 1 se fue a pique.

Mientras contaba mi historia, el supercristiano del grupo me decía con los ojos:

–Hombre de poca fe...

No hice caso del comentario tácito y concluí:

–Ustedes pueden pedir a Dios lo que quieran, pero como Él es soberano, tienen que estar listos a oír tres clases distintas de respuestas: sí, no o vuelvan en la Copa Mundial de 1998. ¿Qué clase de respuesta prefieren?

La respuesta obvia era «sí», pero algunos de ellos ya no estaban muy seguros.

Si Dios es con nosotros, ¿quién contra nosotros?

–¿No sería injusto para los otros países si Dios nos ayudara a ganar? ¿Por qué Brasil y no Italia, Alemania o Argentina? –pregunté.

Las miradas de los jugadores mostraban ahora dudas y desaliento. Todos permanecían en silencio.

–¿Qué tiene que ver Dios con el fútbol? ¿Qué interés tendría en la Copa Mundial?

Yo había leído en la revista *Sport Spectrum* que se habían vendido tres millones seiscientas mil entradas para los cincuenta y dos partidos de la Copa. Se calculaba que más de tres mil millones de personas en el planeta verían los partidos por televisión. Les di estas cifras y volví a preguntarles:

–¿Cuál es la voluntad de Dios para esas personas que tendrán los ojos fijos en ustedes?

–Que ninguno se pierda –respondió Jorginho, estirando el cuello una vez más. Finalmente me dio la respuesta que yo había buscado todo el tiempo.

Con esto Jorginho le puso fin a nuestra sesión de preguntas y respuestas. Aprendió que debemos orar con fe, en el nombre de Jesús, con perseverancia *y de acuerdo con su voluntad*, para que Dios conteste afirmativamente.

Decidimos orar de acuerdo a la voluntad de Dios. Para asegurarnos de que lo estábamos haciendo, íbamos a orar porque ganara la Copa la nación que pudiera dar más honor y gloria al nombre de Cristo, al llevar el mensaje de salvación al mayor número de personas.

Todos estuvieron de acuerdo

De ahí en adelante haríamos lo mejor para lograr que Brasil fuera esa nación. Dependería de la vida espiritual de cada uno. Si nuestros héroes querían ganar su cuarto campeonato mundial, además de hacer su mejor esfuerzo físico y técnico, tendrían también que confiar en Dios.

El peligro de ser el favorito

A pesar de las primeras dificultades, Brasil seguía como el favorito en todos los pronósticos. Al estudiar la historia de las grandes victorias en la Biblia, Alex y los jugadores llegaron a la conclusión de que ser el favorito podría ser una desventaja. Esta lección se puso de manifiesto en el sorprendente partido contra los Estados Unidos.

–¿Cuántos de ustedes van a ir mañana al partido de Brasil contra Estados Unidos?

Era domingo, víspera del gran partido del 4 de julio. Yo estaba conversando con algunos estadounidenses en la iglesia de Roger Oswald en San José.

Muchos levantaron las manos.

–¿Cuántos van a animar a los Estados Unidos en este partido? –volví a preguntar. Muchas otras manos se irguieron.

–¿Cuántos de ustedes están preparados para una desilusión?

Todos rieron.

Ese es el peligro

Brasil era el favorito en las apuestas de Londres, en la clasificación de la FIFA y en todos los pronósticos, menos en Brasil. A pesar de todas las críticas, nuestros jugadores sabían en lo más profundo de sus corazones que eran los mejores. Pero el talento no siempre es suficiente. Había una gran tendencia a la autosuficiencia. Allí es precisamente donde se escondía el peligro.

Brasil había sido el favorito en las últimas cinco Copas, pero desde hacía veinticuatro años no ganaba un título.

Para empeorar la situación, noté en algunas historias bíblicas que Dios no suele trabajar con los favoritos. ¿Cómo podría transmitir este principio bíblico a nuestros héroes?

La más grande reducción de personal en la historia

Por siete años el pueblo de Israel, el equipo favorito de Dios, estuvo bajo la opresión de los madianitas. Cuando Dios oyó el clamor de los hijos de Israel, llamó a un líder llamado Gedeón para liberarlos.

Puesto que el enemigo era demasiado fuerte, Gedeón convocó 32.000 guerreros para que integraran su ejército.

Sin embargo, Dios redujo drásticamente el equipo de Gedeón. Retiró 31.700 hombres de su tropa.

Esto fue lo que Dios dijo a Gedeón: «El pueblo que está contigo es mucho para que yo entregue a los madianitas en su mano, no sea que se alabe Israel contra mí, diciendo: Mi mano me ha salvado» (Jueces 7.2).

Con su ejército reducido a 300 hombres, Gedeón no tenía la menor oportunidad de vencer. Sin embargo, Dios mismo asumió la responsabilidad de derrotar al enemigo y dio la victoria a Gedeón.

Nuestros jugadores entendieron el mensaje: puesto que la victoria vendría de lo alto, no habría lugar para la vanagloria, el egoísmo o la confianza en sí mismos. Debían depender totalmente de Dios.

El día de la independencia

Aun sin partidos de la Copa Mundial, el 4 de julio en Estados Unidos es de por sí un gran acontecimiento. Vestidos de rojo, blanco y azul de la cabeza a los pies, los hinchas estadounidenses invadieron el estadio de Stanford con bandas y banderas.

«¡U-S-A! ¡U-S-A! ¡U-S-A!», era el grito de guerra de la mayor hinchada que Brasil tendría que enfrentar en los octavos de final de la Copa. Los estadounidenses eran los anfitriones y saboreaban la oportunidad de jugar contra la selección favorita.

Vi el partido con Jim Valenta, Roger Oswald y sus esposas. Para ese momento ellos estaban tan involucrados con nuestros jugadores y sus familias que se confundieron totalmente. No sabían si gritar por Brasil o por Estados Unidos.

En teoría la selección de Estados Unidos era nuestro adversario más débil. Sin embargo, para los estadounidenses era su gran oportunidad. Animaban a los suyos, pero no con el fanatismo de los hinchas brasileños. Para estos era un asunto de vida o muerte.

Se pronosticaba una goleada

Los hinchas brasileños ocuparon sus asientos vestidos para la ocasión, portando sus banderas y llenos de confianza y entusiasmo. La principal actividad antes del partido era tratar de adivinar por cuántos goles ganaría Brasil. Quienes estaban a mi alrededor apostaban por una goleada entre 3-0 y 6-0.

Los jugadores brasileños estaban tranquilos esperando la orden de entrar en la cancha. Después de todo, iba a empezar el partido que parecía ser el más fácil de toda la Copa.

Sin embargo, Brasil no jugó bien (o Estados Unidos jugó mejor de lo que se esperaba) y el marcador inicial de 0-0 no se alteraba.

El sufrimiento de los hinchas

Cuando se hizo claro para los espectadores brasileños que, al contrario de lo que todos esperaban, Estados Unidos enfrentaba a Brasil de tú a tú, la euforia se transformó en hostilidad.

Todo el mundo empezó a proferir malas palabras. Insultaban al árbitro, a la madre del árbitro, a Parreira, a Zinho y a cualquiera que se equivocara al pasar la pelota.

En el clímax de la tensión, Leonardo se hizo acreedor a una tarjeta roja y tuvo que abandonar la cancha.

¡Ay, Señor! ¡Solo esto nos faltaba! –pensé–. *¿Van los estadounidenses a enviarnos de regreso a casa? ¡Ya antes había visto al Brasil quedar eliminado de la Copa, y la verdad es que no quería volver a vivir ese momento!*

Cuando mi corazón empezaba a hundirse en medio de la desesperación y la desilusión, una voz interior me preguntó:

–¿No crees en lo que predicas?

–¿Qué quieres decir? –indagué.

–Ahora tienes diez hombres en el campo en vez de once. Recuerda que Gedeón perdió 31.700 de sus 32.000 guerreros y aun así salió victorioso.

La esperanza volvió a mi corazón y pensé que podríamos vencer más fácilmente con diez jugadores que con once en la cancha. Había algo seguro: Habíamos dejado de ser favoritos.

Gedeón persigue el balón

En el campo de juego, Jorginho también recordaba la historia de Gedeón y estaba tan conmovido como yo. *El pueblo que está contigo es mucho para que yo entregue a los madianitas en tus manos, no sea que te alabes contra mí diciendo: Mi mano me ha salvado.*

Jorginho dejó de preocuparse a partir de ese momento. Dios mismo iba a obtener la victoria.

El primer tiempo terminó 0-0.

«¡U-S-A! ¡U-S-A! ¡U-S-A!», gritaban enloquecidos los estadounidenses.

Jorginho corrió hacia el vestuario. Paulo Sergio lo siguió. Quería conversar con su amigo.

–Oye, Jorge ¿Te acordaste de la historia de Gedeón?

–¿Que si me acordé? ¡Claro que sí! ¿También tú? –rió Jorginho.

–Dios está haciendo lo mismo con nosotros. Ya no somos los favoritos.

Alas de águilas

La selección volvió a la cancha con nuevas fuerzas. Jorginho se sintió con energía para correr por Leonardo, por sí mismo y por otra docena de jugadores.

Los que esperan en el Señor tendrán nuevas fuerzas; levantarán alas como las águilas; correrán, y no se cansarán (Isaías 40.31). Gracias, Señor, porque este versículo se encuentra en la Biblia.

Romario hizo un pase cruzado para Bebeto. Este estaba atento y disparó el balón al interior de la red estadounidense.

Estados Unidos no pudo reaccionar. Brasil resultó ganador 1-0, estando en inferioridad numérica.

Los protagonistas de una nueva historia

Parreira dispuso que el día fuera de asueto para el equipo. Tuvimos nuestra reunión de Atletas de Cristo fuera del hotel, en casa de Jim y Sherry Valenta. Allí estuvieron Jorginho y Cristina, Paulo Sergio y Merly, Mazinho y Valeria, Taffarel, Andrea y su hijita Katherine, José Luis y doña Teresa, madre de Jorginho. Billy Ríos llegó y tocó la guitarra para acompañar los cánticos de alabanza.

El clima era de agradecimiento por la victoria sobre Estados Unidos. Nuestros jugadores recordaron las incidencias del partido, oraron y alabaron.

Hice un corto devocional, refiriéndome a lo que ocurrió en el partido y haciendo una comparación con la historia de Gedeón. Esta comparación era innecesaria, porque cada uno había vivido el mismo drama y aprendido a aplicar en su propia vida el principio de la victoria de Gedeón.

De allí en adelante éramos más que simples espectadores que iban a ver en acción hombres como Gedeón. Era como si nos hubiéramos convertido en esas personas reales y dinámicas que dependían de Dios para cada nueva victoria. Vivíamos situaciones reales tan complicadas y emocionantes como las del propio Gedeón y de otros personajes bíblicos.

Desesperación nacional

Mientras tanto, la prensa brasileña criticó implacablemente la manera en que había jugado la selección. Se tardó demasiado en vencer a un enemigo débil. Este nuevo ataque sirvió para desacreditar aun más al equipo.

Los brasileños, que se consideran expertos en fútbol, vieron el partido y sufrieron como condenados a muerte. Estaban seguros de que todavía faltaba lo peor. Aunque difícil de aceptar, esta era la única conclusión lógica. Cualquier equipo que hiciera el ridículo que hizo Brasil contra Estados Unidos, con seguridad sería demolido por un gigante como Holanda.

La agonía

Cada vez más cerca de la final, los hinchas brasileños y los jugadores sabían que los partidos se volverían más difíciles. Pero hasta el partido contra Holanda nadie entendía realmente lo que significaba esa expresión.

La delegación brasileña ocupaba todo un piso del Hotel Doubletree en Dallas. Al caer la tarde del 8 de julio, nuestro grupo tuvo permiso para reunirnos en la suite que los técnicos Parreira y Zagalo habían reservado para hablar con los jugadores.

En esta ocasión cantamos al ritmo de la guitarra de Billy Ríos y los coros de alabanza sonaban mejor que nunca.

El tema de mi charla fue el Salmo 18. Para insistir en mi idea les pedí que sustituyeran la palabra enemigo por adversario:

> *Envió desde lo alto; me tomó, me sacó de las muchas aguas. Me libró de mi poderoso adversario, y de los que me aborrecían; pues eran más fuertes que yo. Me asaltaron en el día de mi quebranto, mas el Señor fue mi apoyo. Me sacó a lugar espacioso; me libró, porque se agradó de mí* (Salmo 18.16-19).
>
> *En cuanto a Dios, perfecto es su camino, y acrisolada la palabra del Señor; escudo es a todos los que en Él esperan.*

Porque ¿quién es Dios, sino solo el Señor? ¿Y qué roca hay fuera de nuestro Dios? Dios es el que me ciñe de poder, y quien hace perfecto mi camino; quien hace mis pies como de ciervas, y me hace estar firme sobre mis alturas; quien adiestra mis manos para la batalla, para entesar con mis brazos el arco de bronce. Me diste asimismo el escudo de tu salvación; tu diestra me sustentó, y tu benignidad me ha engrandecido (vv. 30-35).

Perseguí a mis adversarios, y los alcancé, y no volví hasta acabarlos. Los herí de modo que no se levantasen; cayeron debajo de mis pies. Pues me ceñiste de fuerzas para la pelea; has humillado a mis adversarios debajo de mí (vv. 37-39).

Has hecho que mis adversarios me vuelvan las espaldas, para que yo destruya a los que me aborrecían (v. 40).

Al día siguiente Brasil enfrentaría a Holanda, una de las selecciones más temidas de la Copa. Sin embargo, la mayor preocupación de los atletas no era el equipo holandés sino la hora del juego. Los partidos en Palo Alto se habían efectuado a las dos de la tarde. Esto de por sí ya era malo. No obstante, en esta ocasión estarían jugando bajo el sofocante calor del mediodía en Dallas.

Se podría pensar que esta sería una ventaja para los brasileños, que estaban más acostumbrados al calor. Pero Dallas era tan caliente que me preguntaba si nuestros jugadores podrían aguantar los noventa minutos en ese horno.

A pesar de las dificultades futuras, los cristianos de la selección bendecían al Señor y reafirmaban su confianza en Él a medida que cantaban:

Jesús me prepara para la lucha;
Me ayuda a que mis disparos no se desvíen.
Gloria al nombre del Señor.

Verde, amarillo y naranja

La hinchada holandesa, vestida de color naranja desde la cabeza hasta los pies, gritaba a voz en cuello al otro lado del estadio.

Los animados brasileños respondían gritando y cantando, en una algarabía que duró hasta minutos antes del partido.

Era claro que no iba a ser fácil para ninguno de los equipos. Brasil avanzaba lentamente, con cuidado y sin dejar espacios. Un juego táctico que no le gusta al público. Holanda se replegó en la defensa, confiando en el contraataque.

Los brasileños estaban jugando bien. Hacían un gran trabajo de equipo y usaban muy bien la cabeza.

La multitud rechiflaba, fastidiada con lo que parecía ser tan interesante como un partido de ajedrez. El primer tiempo también terminó 0-0.

El segundo tiempo

A los quince minutos del segundo tiempo, pareció que Brasil había roto el encanto. Romario anotó un gol frente a los defensas holandeses. Aprovechando el momento sorpresivo, Bebeto se adelantó y anotó otro gol casi de inmediato. Todos los jugadores brasileños reían. La hinchada gritaba de alegría.

Brasil estaba aún celebrando cuando Bergkamp hizo el primer gol de Holanda. Winter anotó el gol del empate.

Empezaba la agonía brasileña.

Saltamontes y gigantes

Los holandeses eran grandes, pero ahora parecían gigantes en la cancha. Al lado de los inmensos zagueros de Holanda, Romario, Zinho y Mazinho parecían niños que jugaban con adultos. Los hinchas holandeses enloquecieron con la reacción de su equipo y a gritos pedían más goles.

La desesperación se apoderó de la hinchada brasileña. Sentado en medio de los que gritaban, yo no sabía que pensar. Veía a nuestros excelentes jugadores encogidos como enanos, corriendo de un lado al otro de la cancha como si estuvieran perdidos.

Era el momento de tomar alguna acción decisiva en el campo de juego, pero a Jorginho no se le ocurría nada. Tenían que detener el ataque de Holanda e impedir que el partido se prorrogara. Pero el equipo brasileño ya estaba contra las cuerdas, como un pugilista exactamente antes de ser noqueado.

Ya me había acostumbrado a la desesperación de nuestros hinchas, pero esta era la primera vez que veía a nuestros jugadores gritando y gesticulando unos con otros en medio del partido. Parecía que Brasil estaba al borde del pánico general y la derrota.

Cerré mis ojos y empecé a orar: «Señor, ven a socorrernos».

Un gol espectacular

En medio de la confusión general, los holandeses cometieron una falta contra Branco que fue penalizada con un tiro libre. Decidió cobrarla el mismo Branco. Estaba muy lejos del área de gol y sus probabilidades de convertir eran muy escasas. Por lo menos era una pausa en el medio de la insoportable presión.

Recuperado de la lesión en su rodilla (gracias a las oraciones de Müller), el lateral izquierdo Branco había entrado en lugar de Leonardo, a quien suspendieron hasta el final de la Copa por el codazo que asestó a Tab Ramos en el partido contra Estados Unidos.

Branco envió un balazo al rincón izquierdo del arco. La pelota superó la barrera de adversarios, voló sobre la espalda de Romario, no hizo caso del arquero y fue a parar en la red.

El estadio casi se viene abajo por la celebración de la hinchada brasileña.

Jorginho se reía consigo mismo y agradecía a Dios cuando vio a Branco que llegaba corriendo a abrazarlo.

«Jesucristo me ayudó a hacer ese gol», declaró Branco después del partido.

Victoria difícil y emocionante

El gol sirvió para apagar un poco el fuego de los holandeses. Nuestros atletas se replegaron en la cancha y pudieron armar una defensa eficaz con la esperanza de mantener el resultado. Yo no estaba muy seguro. Me dirigí al fondo de las graderías, me arrodillé y me puse a orar porque el árbitro hiciera sonar el silbato que indicara el final del partido.

Respiré profundamente aliviado cuando terminó el partido. Estaba más tenso que si hubiera jugado el partido.

Llamé a gritos a doña Tereza, Cristina, Merly, Andrea, Valeria y José Luis, que habían visto el partido a poca distancia del lugar donde yo estaba. Agradecimos a Dios por habernos librado de esta.

«Te dedicamos esta victoria, Señor», oré en voz alta, mientras los espectadores que abandonaban el estadio nos miraban sin comprender.

Fiesta en un auto

Al atardecer de aquel día, yo manejaba un auto alquilado y llevaba a Paulo Sergio, Mazinho, Jorginho y Taffarel al hotel de Dallas donde se hospedaban sus esposas.

Había un clima de fiesta en el auto. Jorginho nos dijo cómo Branco había dado a Jesús el crédito por su gol. Mientras yo manejaba, cada jugador hizo una oración de agradecimiento a Dios por la victoria en el partido, por la permanencia del equipo y porque Branco había reconocido que el Señor estaba actuando en su vida.

Con su victoria en la cancha ese día y la rara oportunidad de pasar la noche con sus esposas, los jugadores tenían lo que merecían. Nunca los había visto más felices.

Luna de miel

Dejé los cuatro jugadores en el hotel y fui con Billy Ríos a cenar en casa de Jim Riley y su esposa Charlotte, quienes me hospedaban durante mi estadía en Dallas. Alrededor de las once estaba de vuelta en el hotel, esperando en el vestíbulo. Debía llevar a los jugadores a la concentración en el Doubletree antes de la medianoche.

Para mi sorpresa, apareció Branco caminando hacia mí y me dijo sonriendo:

«¡Hola, Alex! Quiero que cuentes conmigo en tu próxima reunión porque pienso ir».

«¡Qué bien, Branco!», le contesté. «Nos sentiremos honrados con tu presencia».

Desafortunadamente, Branco nunca fue a las reuniones.

Antes de medianoche

A las once y cuarto estábamos en la entrada del hotel, listos para el viaje de regreso. Merly y Valeria bajaron con Paulo Sergio y Mazinho. Taffarel llegó sin Andrea, pero Jorginho y Cristina no aparecían.

Mientras los esperábamos, nos sentamos a conversar en el borde de la acera frente al hotel. Todos estábamos sumamente felices y reíamos hasta el cansancio.

Era casi medianoche cuando decidí ir a buscar a Jorginho. Se vería mal que llevara a los jugadores demasiado tarde.

Por la voz con que atendió al teléfono pude percibir que se había quedado dormido.

Le recordé mi época en la Fórmula 1 y entendió.

Tan pronto como Jorginho bajó las escaleras, nos apresuramos hacia el auto y una vez en él aceleré. Los tres que estaban sentados en el asiento trasero hablaban todavía felices sobre el partido.

Llegamos justo a la medianoche. Entramos por la puerta trasera del hotel para evitar los cazadores de autógrafos que congestionaban la entrada principal.

Algunos confían en carros y otros en caballos

Otra victoria sobre Suecia pondría a Brasil en la final de la Copa Mundial. El jugar contra el equipo sueco por segunda vez hacía que nuestros jugadores se sintieran confiados. Conocían muy bien al adversario. Los miembros del equipo estaban muy integrados. Además la condición física y psicológica era excelente. La lección que iban a aprender esta vez era que estar bien preparados no es suficiente.

Desperté temprano en casa de Bill Sunderland, uno de los directores de Sports Outreach America, quien me hospedaba en Pasadena, cerca del Tazón Rosado, escenario de los últimos partidos. Me senté en el balcón, mientras Bonnie, la esposa de Bill preparaba el desayuno. Abrí mi Biblia en Proverbios 21.31: *«El caballo se alista para el día de la batalla; mas el Señor es el que da la victoria»*.

Después del desayuno, Bill me acompañó a alquilar un auto. Me puse en camino hacia el hotel donde estaba la selección, a más de ochenta kilómetros de distancia. Mientras manejaba, casi con piloto automático, pensaba en lo que iba a decir a los muchachos en nuestra reunión, acerca del caballo en Proverbios.

La reunión se efectuó en uno de los cuartos del hotel, que habían convertido en sala de conferencias al substituir las camas por una mesa y sillas. Nos alegró mucho ver de nuevo a Müller y Zinho. Se habían distanciado desde la reunión con los palillos de fósforos.

Por lo tanto, nuestro grupo estaba completo otra vez, pero había cierta tensión en el aire. Paulo Sergio estaba enojado por algunas bromas que Taffarel, el más bromista de todos, venía haciendo con él.

¿Quién es el caballo?

Esta fue mi pregunta, después de que Zinho leyera Proverbios 21.31. Siguió una gran discusión y llegamos a la conclusión de que el caballo representaba muchas cosas: el esquema táctico, la preparación física, el talento, los jugadores, el esfuerzo personal, el espíritu de equipo, la unidad, el piloto del avión que los transportaba, el cocinero que les preparaba arroz y frijoles, en fin, todo lo que la capacidad humana puede reunir para obtener la victoria.

¿Cuánto vale un buen caballo?

Con la derrota de Alemania esa semana fue eliminado uno de los «caballos» favoritos de la competencia. ¿Cuánto vale un buen caballo?

Una vez más la respuesta nos llega a través de un texto bíblico:

> *El rey no se salva por la multitud del ejército, ni escapa el valiente por la mucha fuerza. Vano para salvarse es el caballo; la grandeza de su fuerza a nadie podrá librar. He aquí el ojo del Señor sobre los que le temen, sobre los que esperan en su misericordia, para librar sus almas de la*

muerte, y para darles vida en tiempo de hambre. Nuestra alma espera en el Señor. Nuestra ayuda y nuestro escudo es Él. Por tanto, en Él se alegrará nuestro corazón, porque en su santo nombre hemos confiado. Sea tu misericordia, oh Señor, sobre nosotros, según esperamos en ti (Salmo 33.16-22).

La oración de Mazinho

En nuestro estudio pasamos más de una hora examinando con cuidado cada versículo de ese salmo. Cada atleta leyó uno de ellos en su Biblia y emitió su opinión.

Llegamos a la conclusión de que Dios ganaría esa Copa de la misma manera que lo había hecho con la de Italia y todas las demás. Después de todo, Él es soberano y está en control de todo lo que sucede en el universo.

Si Él iba a utilizar a Brasil para ganar esta vez, tendríamos que estar dispuestos y listos para que pudiera escribir la historia (su historia) de la Copa por intermedio de nosotros.

Nuestra reunión terminó con la oración de todos. Por fe reclamamos las promesas de este salmo. La oración que más me impresionó fue la de Mazinho:

«Señor, sé que corres hacia la meta. Te quiero decir que estoy corriendo junto a ti. Estoy esperando la jugada del triunfo y dispuesto a anotar el gol contigo».

Me impresionó tanto la fe de ellos, que me arriesgué a profetizar con gran convicción: «¡Vamos a ganar nuestro cuarto campeonato en el nombre de Jesús!»

Todos salimos seguros de que ya se había ganado la batalla, a pesar de que faltaban aún los partidos de la semifinal contra Suecia y la final contra el vencedor del partido Italia contra Bulgaria.

La Copa vista por las esposas

Esa misma noche me reuní con la madre de Jorginho y las esposas de los jugadores, en el hotel donde se hospedaban. El tópico de conversación giró alrededor de las historias de grandes mujeres en la Biblia que pusieron en manos de Dios los momentos de aflicción que sufrían ellas y sus maridos.

Pero eso no era suficiente para Andrea Taffarel. Quería saber más, mucho más.

«Después de cada reunión en el hotel del equipo, yo acosaba a Taffarel para que contara lo sucedido», explicó Andrea. «Me sentía mal cuando él olvidaba contarme todos los detalles de lo que estaban aprendiendo.

»Jamás había convivido con otros cristianos antes de estar con Merly, Cristina y doña Teresa en esa Copa. Ha sido maravilloso leer la Biblia, orar juntas y tener relación diaria con Dios. Después de que Taffarel me hablaba acerca de lo que habían estudiado, nosotras comentábamos y orábamos sobre esos mismos asuntos.

»La Palabra de Dios está trabajando en nuestras vidas. Oramos juntas antes de salir a los estadios y después de los partidos, agradeciendo a Dios por los triunfos. Hay un vínculo firme y constante que nos une y nos da mucha fortaleza».

Un partido complicado

Al día siguiente Brasil estaba de vuelta en la cancha para jugar contra Suecia. Nunca nos hubiéramos imaginado que ese sería un partido mucho más complicado que el que habíamos jugado contra el mismo equipo en la primera ronda.

Pero lo fue.

Según la prensa, no podría haber un partido más aburrido. Es más, de no haber sido un partido de semifinales en la Copa Mundial, no habría valido la pena verlo.

Sin embargo, este partido *valía* la clasificación para la final. Para Brasil podría significar un tetracampeonato mundial de fútbol sin precedentes, lo que no era despreciable.

Jorginho jugó mal. Perdió oportunidades, hizo pases equivocados y no se hallaba en la cancha.

La hinchada se dio cuenta y empezó a insultarlo. Por primera vez en la Copa, Jorginho sintió bajo la piel la reacción negativa de los fanáticos.

La presión crecía en la cancha. Los jugadores suecos buscaban minar la resistencia de los brasileños, al tratar de llevar el partido a la prórroga.

El partido continuó sin novedades. El equipo sueco tuvo solo dos oportunidades de gol, mientras Brasil no pudo hacer un solo gol en veintisiete intentos fallidos.

«"El que no hace un gol, lo recibe", era el dicho que más se escuchaba en las graderías del Tazón Rosado o ante las pantallas de televisión».

Al final, Brasil lo hizo. A los treinta y cinco minutos del segundo tiempo fue Jorginho quien hizo la jugada que salvó el día. Envió un centro cruzado para Romario, quien la metió en el fondo de la red.

Al final del partido, Romario agarró una bandera brasileña y desfiló con ella alrededor de la cancha, como si fuera el héroe de la clasificación. Era tan grande su autosuficiencia que se dio el lujo de hacer el gol de la manera que menos se esperaría de alguien de su estatura: con la cabeza.

Marcador final: Brasil 1, Suecia 0.

El difícil camino a la final

A pesar de haber vencido y de estar clasificada, pocos estaban satisfechos por la forma en que jugaba la selección.

Brasil había vencido los tres últimos partidos por la mínima diferencia. Los partidos no fueron emocionantes, se hicieron pocos goles y pareció haber acción solo en el segundo tiempo.

«Burocrático» fue el término que la prensa usó para definir el juego de Brasil bajo la dirección de Parreira.

La hinchada, ya cansada de la tensión y del sufrimiento, esperaba un Brasil más ofensivo y goleador.

Los fanáticos estaban más enojados con Zinho que con cualquier otro jugador. Zinho había perdido la cuenta del número de veces que la hinchada le había reclamado, de mala manera, su mal rendimiento y que a gritos le pedían que saliera de la cancha.

En esos momentos difíciles se acordaba de lo que había aprendido en las reuniones. «Separados de mí, nada podéis hacer», había dicho Jesús. Esto lo ayudaba a enfrentar las críticas, las injusticias y la gran presión de la competencia.

Se consolaba a sí mismo, sabiendo que «el Señor es mi amigo y compañero. Dios es el capitán de mi vida».

A quien se le haya dado mucho, mucho se le demandará

Brasil estaba en el final. En el corazón de los Atletas de Cristo de la selección brasileña había una mezcla de alegría, preocupación y gratitud. En medio a tantas sensaciones contradictorias, surgió una más: la responsabilidad.

El partido contra Suecia fue sumamente tenso. Después del pitazo final tuve que apoyarme unos pocos minutos contra una pared en el fondo del Tazón Rosado, antes de poder hacer cualquier otra cosa. En esta ocasión fueron las esposas de los jugadores juntamente con José Luis, el empresario de Jorginho, quienes me llamaron para orar y agradecer a Dios por la victoria.

La sensación era de agotamiento y alivio. ¡Por primera vez desde 1970 estábamos en la final de la Copa Mundial!

Los días siguientes fueron los más ocupados de todos. Formamos un equipo para terminar de distribuir los folletos. Llevamos de compras a las esposas de los jugadores. Yo tenía que comprar un montón de cosas que los jugadores me habían encargado. Tuve que atender a un grupo de pastores que querían entrar de cualquier manera en la concentración para hablar con los jugadores, aun cuando sabían que no era posible. Tenía que terminar la producción de un video, preparar las valijas para volver a Brasil el lunes, conseguir un lugar en alguno de los vuelos abarrotados y preparar un buen estudio bíblico para nuestra última reunión.

Sería difícil superar nuestra reunión anterior que había sido excelente. Me preguntaba si podría encontrar en la Biblia un tema que fuera más adecuado que el del caballo que se prepara para el día de la batalla. Esperaba encontrarlo porque deseaba que esta última reunión fuera la mejor de todas.

Preparé un estudio triunfal basado en un salmo en que David venció a sus adversarios en nombre del Señor de los ejércitos.

Cambio de tópico

A las tres de la mañana del viernes 15 de julio me despertó una voz que ya conocía muy bien. Era el Espíritu de Dios diciéndome que en la próxima reunión debía hablar sobre la parábola de los talentos, que Jesús narró casi dos mil años atrás.

«Pero, Señor», discutí. «¡Esta parábola es de exhortación! No tiene nada que ver con la final de la Copa Mundial. Ese partido será una guerra y lo que hoy día necesitan los atletas es fortaleza para ganar la Copa; lo que menos necesitan es una exhortación. Señor, ¿no sabes algo de fútbol?»

No tenía alternativa. Al llegar al hotel, encontré a Taffarel y a Paulo Sergio en la misma sala que habíamos usado antes. Luego llegó Mazinho y más tarde Jorginho. Este llegó tarde porque había recibido una «llamada de atención» telefónica de Paulo Sergio (quien nunca había cometido un error en su vida...). Müller y Zinho no aparecieron esta vez.

Les expliqué por qué había cambiado el tópico y la dirección de la reunión.

«Si lo ordena el Señor, estamos listos», exclamó Jorginho. «Él sabe qué es lo mejor para nosotros».

Me animaron sus palabras y me sumergí en el nuevo tema.

La parábola de los talentos

Mateo 25.14-30

Porque el reino de los cielos es como un hombre que yéndose lejos, llamó a sus siervos y les entregó sus bienes. A uno dio cinco talentos, y a otro dos, y a otro uno, a cada uno conforme a su capacidad; y luego se fue lejos. Y el que había recibido cinco talentos fue y negoció con ellos, y ganó otros cinco talentos. Asimismo el que había recibido dos, ganó también otros dos. Pero el que había recibido uno fue y cavó en la tierra, y escondió el dinero de su señor. Después de mucho tiempo vino el senor de aquellos siervos, y arregló cuentas con ellos. Y llegando el que había recibido cinco talentos, trajo otros cinco talentos, diciendo: Señor, cinco talentos me entregaste; aquí tienes, he ganado otros cinco talentos sobre ellos. Y su señor le dijo: Bien, buen siervo y fiel; sobre poco has sido fiel, sobre mucho te pondré; entra en el gozo de tu señor. Llegando también el que había recibido dos talentos, dijo: Señor, dos talentos me entregaste; aquí tienes, he ganado otros dos talentos sobre ellos. Su señor le dijo: Bien, buen siervo y fiel; sobre poco has sido fiel, sobre mucho te pondré; entra en el gozo de tu señor. Pero llegando también el que había recibido un talento, dijo: Señor, te conocía que eres hombre duro, que siegas donde no sembraste, y recoges donde no esparciste; por lo cual tuve miedo, y fui y escondí tu talento en la tierra; aquí tienes lo que es tuyo. Respondiendo su señor, le dijo: Siervo malo y negligente, sabías que siego donde no sembré y que recojo donde no esparcí. Por tanto, debías haber dado mi dinero a los banqueros, y al venir yo, hubiera recibido lo que es mío con los intereses. Quitadle, pues, el talento, y dadlo al que tiene diez talentos. Porque al que tiene, le será dado, y tendrá más; y al que no tiene, aun lo que tiene le será quitado. Y al siervo inútil echadle en las tinieblas de afuera, allí será el lloro y el crujir de dientes.

La parábola en el campo de fútbol

Era claro para todos nosotros que esta parábola de los talentos tenía nuestros nombres en ella:

El hombre que se fue lejos era Dios.

Los siervos eran estos atletas cristianos.

Los talentos eran las oportunidades que Dios les había dado para jugar en la Copa Mundial.

Notamos que Dios no se queda a ver lo que el siervo hará con el talento. Lo pone en su mano como un voto de confianza. De ahí en adelante depende del siervo multiplicar o enterrar el talento que se le ha confiado.

Llegamos a la conclusión que el talento dado por Dios al Brasil era muy grande y la responsabilidad mayor aun. El Patrón sería duro el día de arreglar cuentas.

A quien se le haya dado mucho, mucho se le demandará.

El trofeo en el cielo

Jorginho me contó después lo que había pensado durante la reunión:

«Desde antes de la Copa yo me imaginaba campeón. Ya sé que debemos tener cuidado con el asunto de la revelación. Pero cuando oramos en la última reunión, me pasó algo sensacional. Jamás había visto algo semejante. Nunca había visto un ángel y ni siquiera sé cómo son. Vi un grupo de personas que volaban, portando el trofeo en las manos y depositándolo a los pies de Dios. Ya estaba seguro de que íbamos a ganar, pero el ver esto fue muy especial. Me quedé callado y no lo dije a nadie. Me di cuenta mucho después que Dios me había dado una visión y me había mostrado que la Copa ya era nuestra».

Tú decides

La revista semanal brasileña *Veja* traía esa semana en la carátula una fotografía de Romario con la frase: «Romario, ¡tú decides!» Se podía leer en el artículo interior:

«El destino de Brasil está en los pies de este hombrecito».

Según el artículo, si Brasil salía campeón ante Italia es casi seguro que la victoria vendría por los pies del delantero Romario. Continuaba diciendo que si no llegaba por Romario, la gloria del tetracampeonato vendría entonces por medio de Bebeto o de un defensor como Marcio Santos o Aldair.

«Quizá el destino saque a alguien del banco de reservas para ser el salvador del equipo que le dé la victoria a Brasil», concluía el artículo. ¡No consideraba la desastrosa posibilidad de que los elegidos fueran los italianos!

La noche anterior al partido

En el hotel, el sueño tardaba en llegar al cuerpo técnico y a los jugadores la noche anterior al partido por el campeonato.

Taffarel trataba de aliviar la tensión pensando en otra cosa. Ya estaba sintiendo un nudo en el estómago, que se iría solo cuando entrara en la cancha al día siguiente.

En el cuarto que compartía con Jorginho, Paulo Sergio intentaba dormir. Pensaba en el versículo de 1 Pedro 5.7 que dice: *«Echando toda vuestra ansiedad sobre Él, porque Él tiene cuidado de vosotros»*.

Jorginho estaba muy nervioso. Desde antes del inicio de la Copa acostumbraba tenderse en cama y soñar que se convertía en campeón del mundo.

«Señor, ayúdame a dormir», oraba.

Estaba muy agradecido de haber conseguido dormir siete horas cada noche en California. En la Copa de 1990 no conseguía dormir casi nada.

Ahora, en la víspera del partido final, seguía la tensión.

Jorginho saltó de la cama, agarró el llavero que todos los jugadores habían recibido. Este tenía una réplica en miniatura del trofeo de la Copa Mundial.

—En el nombre de Jesús, ya soy campeón del mundo —dijo lleno de convicción mientras levantaba el llavero como si fuera el trofeo de la Copa.

—Jorge, ¿te estás volviendo loco? —sonrió Paulo Sergio.

–De ninguna manera. Estoy completamente seguro –le aseguró Jorginho y se durmió.

Nuestros héroes entendieron muy bien la parábola de los talentos, sin embargo, yo no sentía paz acerca del estudio que había dado.

–¿Por qué elegí ese el tema para el último partido? –me preguntaba mientras manejaba por la autopista cuando regresaba a Pasadena la noche de sábado.

–El talento es el título del tetracampeón del mundo que estoy poniendo en manos de ustedes –era la seguridad que el Señor ponía en mi corazón.

–¡Gracias, Señor! –exclamé con júbilo–. Ahora entiendo todo.

–¡Es demasiado, Señor! ¡Aleluya! –repetía sin poder contener la alegría.

Empecé a alabar y a agradecer al Señor con tanto gozo que perdí por completo la noción del tiempo. Cuando reaccioné, me encontraba en Pasadena. Eran casi las dos de la madrugada del gran día.

La gran final

El último partido de la Copa se caracterizó por las emociones fuertes, pero no hubo ningún gol. A cada minuto se ponían a prueba la paciencia de la hinchada y la resistencia de los jugadores. La prueba se intensificó en la prórroga del partido. Ganaría el partido el equipo que hiciera el primer gol en los pocos minutos que restaban. ¿Y si lo hacía Italia?

«Expectativa» es un término pobre para describir la atmósfera que se respiraba en el Tazón Rosado antes de la final de la Copa Mundial de 1994.

Tú habrías pensado que todo el mundo se dirigía al estadio en Pasadena. En todas partes se veían estandartes, globos, afiches, distintivos, gorras, vendedores de sandwiches, pantallas gigantes de televisión y guardias de seguridad. Centenares de micrófonos, máquinas fotográficas y de video, y periodistas garantizaban a los que no pudieron ir al estadio que podrían ver el espectáculo en vivo desde su propia sala de estar.

El partido del siglo estaba en los titulares de los periódicos en Brasil y en el resto del mundo. Brasil estaba de vuelta en una final de Copa después de veinticuatro años, disputando el título de tetracampeón contra la irregular, pero siempre temida selección italiana. Era el mismo adversario que Brasil enfrentó y derrotó en la Copa de 1970.

Por algunas horas el Tazón Rosado sería el centro del universo.

¡Brasile no!

Solo se presentaron seis de los veinte voluntarios que Billy y yo esperábamos para distribuir folletos en ese partido. Nuestro trabajo se duplicó. Establecí un nuevo récord al distribuir 1.700 folletos en dos horas y media.

«¡Brasile no!», gritaban a veces enojados los fanáticos italianos cuando les dábamos un folleto. Algunos hasta los tiraron al suelo y los pisotearon.

Cuando terminé mi cuota faltaban diez minutos para el inicio del partido.

El espectáculo antes del espectáculo

Acrobacias aéreas, saltos en paracaídas, el espectáculo musical de Whitney Houston y fuegos artificiales animaron las horas anteriores al partido en el Tazón Rosado. Era verdaderamente un espectáculo antes del espectáculo. Aun cuando los estadounidenses no entienden mucho de fútbol, nuestros anfitriones dieron su toque particular al acontecimiento más espectacular del planeta.

Las graderías eran una enorme fiesta. No había hostilidad entre las hinchadas. Hasta el clima ayudó, pues el sol brillaba a las dos de la tarde.

Finalizó el espectáculo preliminar, el escenario fue retirado y el estadio enmudeció ante la expectativa. Era el momento para la atracción principal.

El guardametas Taffarel se sorprendió de la tranquilidad que sintió cuando entró en la cancha. Parecía más un partido amistoso que la batalla final por el campeonato mundial. Conocía muy bien al equipo italiano, pero también sabía que su paz interior era sobrenatural. La seguridad en la victoria venía directamente de Dios.

La selección brasileña entró usando su tradicional uniforme verde y amarillo que combinaba con la multitud de banderas que ondeaban en todo el estadio.

Para el Brasil y los brasileños en cualquier lugar del mundo ese era un momento muy solemne. El orgullo nacional entraba en la cancha.

Los hinchas brasileños se tranquilizaron al escucharse los primeros acordes del himno nacional. Algunos lo entonaron en voz baja y otros a voz en cuello.

Un instante después empezó el partido.

De la cancha al banco

A los veinte minutos del primer tiempo, Jorginho atacaba por la punta derecha. Cuando driblaba a dos italianos y se preparaba para centrar sintió una punzada en el muslo derecho.

«¿Por qué ahora, Señor?», preguntó.

Se agarró la pierna con las dos manos, inclinó la cabeza y rogó a Dios que pasara el dolor. Pero esta vez no sucedió nada.

Levantó el brazo en señal de que debía ser substituido y salió solo de la cancha, gimiendo por el dolor en la pierna y por la frustración en su alma. Se estaba yendo por el suelo su sueño de jugar toda la Copa y quizás de hacer el gol de la victoria.

Yo seguía desde las graderías este drama que se jugaba fuera de la cancha. Antes de que me hundiera en la desesperación, Romanos 8.28 llegó a mi mente: «Sabemos que a los que aman a Dios, todas las cosas les ayudan a bien, esto es, a los que conforme a su propósito son llamados».

Más tarde supe que Jorginho también fue consolado en ese momento por el mismo versículo. Disminuyó su tristeza y se quedó más tranquilo. Llamó entonces a su suplente.

«¡Hey, Cafú, es mejor que hagas calistenia! Estoy lesionado».

Mucho trabajo de campo, pero nada de efectividad

Se volvió obvio que Brasil e Italia usaban la misma estrategia: El fútbol táctico y cauteloso que había caracterizado esta Copa y que tanto los brasileños como los italianos estaban jugando. Cada equipo esperaba que el otro cometiera un error. Fanáticos y jugadores de uno y otro lado esperaban un golpe de suerte o la emoción de ver una jugada espectacular de Baggio o de Romario. Ninguno de los equipos quería abandonar el juego defensivo y lanzarse a un ataque frontal.

Los hinchas ya estaban acostumbrados a tener que esperar hasta el segundo tiempo la llegada del soñado gol. Pero cuando el segundo tiempo avanzaba y el gol no venía, entonces crecía la frustración, pues aunque los italianos tenían una defensa férrea, era evidente (al menos para nosotros) que Brasil estaba jugando mejor.

A medida que el partido se acercaba a los noventa minutos reglamentarios de juego, los espectadores comprendían que habría prórroga.

La agonía solo estaba empezando.

La prórroga

El sol nos quemaba y salí de las graderías para buscar otra botella de agua. La única manera de sobrevivir era empapar de agua la camisa cada diez minutos.

Peor que el calor era la actitud de los fanáticos. El desánimo era general. Los más inconformes lanzaban todo un repertorio de insultos, maldiciones e improperios.

El silbato del árbitro indicó el inicio del primer tiempo de la prórroga. Brasil casi anota gol a los pocos minutos y luego fueron los italianos quienes estuvieron a punto de lograr meter el balón en la red.

Sentado en el banco al lado de Paulo Sergio y Müller, Jorginho empezó a comprender por qué Dios había permitido que saliera del partido.

Él estaba luchando una batalla tan importante como la que se efectuaba en la cancha. Era una batalla invisible y espiritual sobre quién se iba a llevar la gloria del tetracampeonato.

En la cancha, las oportunidades perdidas se acumulaban para los dos equipos.

Viola ingresó al terreno de juego, se esforzó y corrió mucho, confundiendo aun más a los cansados italianos. Sin embargo, todo lo que hizo no fue suficiente. El gol que todos ansiaban gritar no se presentó.

En el segundo tiempo de la prórroga nuestra defensa se descuidó y Baggio entró con la pelota completamente solo en el área chica de Brasil. A cada instante estaba más cerca del arco y listo a enviar el balón al fondo de la red. Los estupefactos hinchas estaban mudos.

Esta era la primera vez en el partido que Baggio y Taffarel se enfrentaban cara a cara. El delantero italiano disparó el balón que fue a parar mansamente en las manos de Taffarel.

120 minutos de intercesión

Desde el primer minuto de juego, Paulo Sergio había estado orando, pidiendo a Dios que bendijera a cada uno de sus compañeros.

«Señor», repetía una y otra vez, «danos visión, reflejos, fortaleza y aliento. Mantén la calma en nosotros y no permitas que alguien salga lesionado».

A su lado en el banco, Müller estaba de acuerdo con la oración de Paulo Sergio. Cuando Jorginho salió lesionado se unió de inmediato al grupo de oración.

Yo también oraba en las graderías, así como las esposas de los jugadores y doña Teresa.

Diseminados por todo el mundo, miles de cristianos, brasileños o no, oraban por los Atletas de Cristo de la selección brasileña.

Salvados por la campana

Los equipos estaban totalmente agotados cerca del final de la prórroga, pero los italianos se veían más cansados. Exhaustos, caían como soldados en combate y sus compañeros tenían que ponerlos de pie. Los jugadores brasileños también habían agotado sus fuerzas. Estaban sin aliento y sin energía. Bebeto estaba a punto de desfallecer.

De repente sonó el silbato, finalizando la prórroga. Tanto brasileños como italianos fueron salvados por la campana justo antes de caer noqueados por el calor y la fatiga.

«¡Resiste, corazón!»

«El partido más largo de la historia». Así describió la prensa al encuentro final entre Brasil e Italia, que significaba el título de tetracampeón mundial de fútbol para uno y otro equipo. Puesto que el marcador, aun después de la prórroga, estaba todavía 0-0, el triunfo se decidiría ahora por tiros desde el punto penalty. De repente se habían cambiado las pesas en la balanza. Cualquier cosa podría suceder.

Cuando el árbitro respiró profundamente, hizo sonar el silbato y marcó el fin de la prórroga con el dedo señalando al cielo, los fanáticos italianos en el Tazón Rosado enloquecieron. Habían conseguido lo que querían y el partido se iba a decidir por cobro de penaltys.

La hinchada brasileña estaba tranquila. Ninguno era favorito para ganar. La disputa por penaltys es como una lotería.

Los más pesimistas dejaron el estadio, maldiciendo.

«No puedo ver esto», murmuraban.

El sol quemaba sin misericordia. El ambiente en las graderías era tenso. El balón había rodado por la cancha durante ciento veinte minutos y no se marcó ningún gol.

«Partida de gallinas sin huevos», oí que alguien exclamaba enojado.

Un hermano en Cristo que estaba sentado a mi izquierda a veces clamaba a Dios por misericordia y otras veces lanzaba expresiones de desesperanza. Temí que le fuera a dar un ataque al corazón.

«Ten calma, que todo va a terminar bien», le dije tratando de consolarlo. Me preguntaba si podría sobrevivir hasta el fin de los penaltys.

Lo creo

Andrea, la esposa de Taffarel, estaba sentada a dos asientos de mí. Estaba embarazada de seis meses y tenía a la pequeña Katherine en las piernas.

Pensé que era muy valiente o que estaba completamente loca por estar allí luchando contra la emoción o la ansiedad. Pedí permiso para cambiar de puesto con la señora que estaba sentada a su lado.

—Andrea —le dije—, la Biblia nos dice que si dos de nosotros nos ponemos de acuerdo en la tierra acerca de cualquier cosa que pidamos, nos será hecho por el Padre (véase Mateo 18.19).

—¿Qué quieres decir? —me preguntó ella con los ojos muy abiertos.

—Voy a orar y necesito que estés de acuerdo conmigo —le expliqué.

—¡Estoy de acuerdo con todo! ¡Estoy de acuerdo con todo! —respondió nerviosa.

Empecé a orar.

«Padre, este es un momento decisivo que puede crucificar o glorificar a tu siervo Taffarel. Señor, tú sabes cuán importante es este momento para él, para nosotros, para Brasil y para tu reino en toda la tierra».

«Padre», continué, «pedimos que concedas ahora toda la paz del mundo a Taffarel. POR FAVOR, ¡hazle agarrar algunos de esos penaltys! En el nombre de Jesús, amén».

Andrea abrió sus ojos y respiró profundamente.

—Que así sea —dijo.

Abatidos pero no vencidos

Caminando nerviosamente alrededor del banco, los jugadores aguardaban el comienzo del cobro de los penaltys.

A veces alguno de ellos se acercaba a Taffarel para darle una palmadita en la espalda o decirle una palabra de aliento. Sin embargo, el arquero brasileño estaba bien.

A pesar de la enorme presión, Taffarel experimentaba una tranquilidad increíble.

«¡Vamos, Taffa!», gritó Jorginho con un entusiasmo contagioso. «¡Vamos a ser campeones!»

Todos abrazaron a Taffarel antes de dirigirse al arco. Caminó sin prisa al lado de Pagliuca, el arquero italiano que lo había provocado antes.

Taffarel sabía que Paulo Sergio, Müller, Zinho, Mazinho, Jorginho, Andrea, Alex, Valeria, Merly, Cristina, doña Teresa y muchísimas otras personas que él ni siquiera conocía estaban orando por él.

¡No quiero mirar!

Había dos clases de hinchas brasileños entre quienes veían la final en el estadio o por la televisión: los que tenían el valor de observar los cobros y los que no podían soportar verlos. Temo que la mayoría estaba en la última categoría. Si hubieran estado en casa, probablemente se habrían tapado los ojos y quizás habrían abandonado la sala de estar.

Merly, la esposa de Paulo Sergio, y Cristina, la esposa de Jorginho, fueron a orar en el baño al finalizar la prórroga.

Bajo la mirada desconfiada de una agente de policía, las dos se arrodillaron y oraron mientras lloraban: «Señor, si es tu voluntad, danos esta victoria».

Volvieron a sus asientos justo en el momento del segundo cobro. Inclinaron la cabeza y siguieron orando hasta que todo hubo terminado.

En la línea del penalty

Mientras Baresi acomodaba el balón, Taffarel se colocó en medio del arco. Los jugadores brasileños permanecían detrás del jugador italiano. Uno a uno se tomaron de las manos, formando una medialuna.

El primer penalty le correspondió a Franco Baresi, el veterano zaguero italiano. Todos en el estadio se paraban en la punta de los pies, esperando en silencio. El árbitro autorizó el cobro con el silbato. Baresi tomó impulso y pateó fuerte la pelota.

¡Fuera! ¡El balón pasó fuera del arco!

En las graderías, los brasileños enloquecían de la emoción.

En seguida le tocó el turno a Marcio Santos. Pagliuca agarró el balón.

El marcador seguía 0-0.

«A ti, oh Señor, miran mis ojos», dijo Jorginho al recordar el versículo bíblico. «No importa que Marcio Santos no anotara. Aunque perdiéramos tres penaltys, ellos también los perderán. Señor, ¡a ti miran mis ojos!»

La agonía

Albertini hizo el primer gol, poniendo a Italia en ventaja.

Romario, indeciso, amagó brevemente dos veces cuando iba por la pelota, paralizando el corazón de sus compatriotas. Sin embargo marcó el gol.

Era el turno de Italia.

Paulo Sergio no podía ver nada, aunque tuviera los ojos bien abiertos. Tomado de las manos de sus compañeros, estaba a punto de llorar y lo único en que podía pensar era en orar por el arquero brasileño.

«Señor, haz que Taffa agarre esa pelota».

Evaní disparó fuerte hacia el centro del arco, mientras Taffarel se lanzaba a la derecha. Gol de Italia.

Con los ojos todavía cerrados, Jorginho continuó orando: «A ti, oh Señor, miran mis ojos».

Branco apretó el paso y lanzó el balón al rincón derecho. El marcador se puso 2-2.

Otra vez el partido estaba empatado.

Defensa

Taffarel observó el marcador electrónico antes de volver al arco. Massaro, de pie en el punto del penalty, estaba listo para disparar.

Dos a dos. Ahora es el momento, pensó Taffarel. *Agarraré este penalty.* Se inclinó hacia adelante listo para la defensa.

Más tarde, pensando en ese momento, Taffarel recordó Salmos 33.17-22, que habíamos leído y estudiado en una de nuestras reuniones:

> *Vano para salvarse es el caballo; la grandeza de su fuerza a nadie podrá librar. He aquí el ojo del Señor sobre los que le temen, sobre los que esperan en su misericordia, para librar sus almas de la muerte, y para darles vida en tiempo de hambre. Nuestra alma espera en el Señor. Nuestra ayuda y nuestro escudo es Él. Por tanto, en Él se alegrará nuestro corazón, porque en su santo nombre hemos confiado. Sea tu misericordia, oh Señor, sobre nosotros, según esperamos en ti.*

Massaro disparó. Por intuición, el arquero brasileño se lanzó hacia la izquierda y contuvo el balón.

Profundamente emocionado, Taffarel levantó la mano señalando al cielo con el dedo. Los periodistas estadounidenses creyeron que él le decía a Dunga, el próximo en cobrar penalty, que solo faltaba un gol para la victoria.

Pero este no era el significado de su gesto. Taffarel estaba dando crédito a Jesucristo por haber atajado el balón. Él sabía y creía que Dios era su ayuda y escudo.

El comienzo de una nueva era

Dunga acomodó la pelota en el punto del penalty y puso las manos en la cintura, listo a patearla. Mucho más que cualquier otro en la cancha, Dunga sentía la responsabilidad de terminar bien aquella Copa Mundial. La prensa lo había criticado con dureza después de la Copa de 1990, acusándolo de jugador defensivo, terco y perdedor. Sin desearlo, se convirtió en el chivo expiatorio y su nombre fue usado para describir la llamada «Era Dunga».

Ahora que la Copa de 1994 estaba cerca de su final, la situación era diferente. Dunga había reafirmado su posición de liderazgo dentro y fuera del equipo. Había probado una vez más el valor y la efectividad de su fútbol. Redimido, terminaba la competencia ostentando la banda de capitán del equipo. Siendo Brasil campeón, él sería el primero en recibir el trofeo.

«Lo más importante en esa Copa», diría Dunga después «fue la demostración de confianza en nosotros mismos que nuestro grupo dio al pueblo brasileño. No podemos dejar que las críticas nos derriben. Debemos tener perseverancia, unidad, humildad, respeto y amor al prójimo».

El árbitro hizo sonar una vez más el silbato y se hizo un silencio tan profundo que tú habrías oído el ruido de un alfiler al caer. Mientras corría hacia la pelota, yo oraba en voz baja el padrenuestro.

Dunga dirigió perfectamente su disparo e hizo el gol por encima de Pagliuca.

En mi rostro se dibujó primero una sonrisa que se convirtió en una carcajada. Había caído de mis hombros una enorme carga.

«Dios siempre nos ayuda, tanto en la derrota como en la victoria», manifiesta Dunga. «Así fue en la Copa de 1990, y también en esta».

Por primera vez en el partido, Brasil iba adelante 3-2.

Mientras Dunga y Pagliuca se alejaban del arco, Taffarel y Baggio tomaban sus lugares para la quinta y última oportunidad que tenía Italia de anotar.

La escena final

«¿Cristo o Buda? ¿Cuál de los dos ganará la Copa Mundial?» Ese era el más intrigante titular en la primera página de los diarios de esa semana. La referencia era para la estrella italiana, Roberto Baggio, un budista practicante y los muchos jugadores cristianos en la selección brasileña.

Roberto Baggio y Claudio André Taffarel estaban parados en la cancha. En medio de los dos yacía la pelota. El estadio estaba en silencio. Los jugadores brasileños seguían tomados de las manos. Las banderas de ambos lados estaban listas para ser ondeadas salvajemente. Habíamos soportado el suspenso hasta ahora, pero no podíamos resistir más.

La escena final

Un grito de victoria se había atragantado en las gargantas de los brasileños durante veinticuatro años.

Baggio corrió en dirección a la pelota. Taffarel se preparó para saltar.

¿Cristo o Buda?

«Señor, haz que Taffarel agarre ese balón», oró Paulo Sergio.

Baggio pateó.

Taffarel no agarró la pelota.

El cuarto campeonato mundial

El disparo de Baggio estuvo desenfocado y pasó por encima del arco de Taffarel.

¡El estadio explotó!

Jorginho abrió los ojos y no podía creer la celebración que hacía erupción. Vio la fanaticada saltando y danzando de alegría. Los jugadores brasileños se abrazaban y lloraban, y algunos hasta daban volteretas sobre el césped.

«Estos tipos están locos», exclamó Jorginho. «¿Qué ha pasado con la humildad? Aún tenemos que cobrar nuestro último penalty y...»

–¡Jorginho! –gritó el preparador Moracy–. ¡Somos campeones del Mundo!

Manos altas

Taffarel se arrodilló inmediatamente y levantó los brazos y el rostro hacia el cielo. Baggio inclinó la cabeza y colocó las manos en la cintura. Ni siquiera tenía el ánimo suficiente para moverse del sitio donde se hallaba de pie.

En las graderías, la hinchada brasileña aceleró de 0 a 100 kilómetros por hora en menos de un segundo. La tensión y la frustración se desvanecieron y parecía que nunca hubieran existido. Empezó la más frenética celebración.

Valeria, la esposa de Mazinho, codeó con suavidad a la esposa de Paulo Sergio, que seguía orando junto a Cristina.

«¡Merly! ¡Merly! ¡Somos campeones!»

Andrea lloraba y reía con Katherine en su regazo. Ella había llevado una de las camisetas de Taffarel con el número uno y la ondeaba frenéticamente.

Yo también lloraba. Me conmovía ver cómo Dios se movía de forma tan real en nuestro medio.

Fiesta en la cancha

Paulo Sergio, Mazinho y Müller cayeron de rodillas, alabando y agradeciendo a Dios.

«Te dedicamos este título, Jesús», gritó Paulo Sergio.

Había una gran emoción entre los jugadores y el cuerpo técnico. Se daban abrazos unos a otros. La risa y las lágrimas se confundían con los abrazos, saltos, volteretas y palabras de gratitud.

Acción de gracias

Los jugadores cristianos de la selección habían decidido orar juntos en la cancha para agradecer por el tetracampeonato. Sin embargo, la confusión de la celebración era tan grande que ninguno podía encontrar a los demás.

Mientras trataban de reunirse, otros jugadores los llevaban con ellos. Los miembros del cuerpo técnico también se les unieron. Pronto se hizo evidente que todos se reunían de manera espontánea para agradecer a Dios.

«Padre nuestro que estás en los cielos, santificado sea tu nombre». Todo el grupo se unió con entusiasmo a orar el Padrenuestro, mientras los micrófonos de la prensa transmitían a todo el mundo.

«Venga tu reino. Hágase tu voluntad, como en el cielo, así también en la tierra».

Mientras oraban, Jorginho no pudo contener más la emoción. *Toda la selección y el cuerpo técnico estaban agradeciendo a Dios.*

La Copa es nuestra

El escenario era caótico: La confusión de fuegos artificiales, gritos, abrazos, serpentinas, banderas, distintivos, sonrisas, lágrimas de alegría y volteretas hacía que los corazones estuvieran a punto de estallar.

El Brasil entero gritó y chilló a los cuatro vientos, con todas las fuerzas de sus pulmones, el sentimiento de victoria que estuvo contenido durante mucho tiempo:

«¡Bra-sil! ¡Tetra-cam-peón!»

El Tazón Rosado hizo eco con el grito que rugía a través del Atlántico y que venía desde el Brasil con la fuerza de mil huracanes.

«¡Bra-sil! ¡Tetra-cam-peón! ¡Bra-sil! ¡Tetra-cam-peón!»

La copa se acercaba a Paulo Sergio, Jorginho y Mazinho. Iba pasando de mano en mano por todos los jugadores. Estos besaban y levantaban el soñadísimo trofeo. Detrás de ellos, el estadio ovacionaba y aplaudía.

Era el turno de Jorginho de recibir la copa. Incapaz de contener su gozo, la levantó con una mano y señaló hacia el cielo con la otra.

A su lado, Paulo Sergio, Mazinho y Taffarel estaban profundamente conmovidos. Señalaron también hacia el cielo aun antes de tener la copa en sus manos.

«Este trofeo pertenece a Jesús», le decían a todo el mundo.

Con la copa en la mano, llorando y riéndose al mismo tiempo, no podían creer en las poderosas emociones que sentían. Cuatro años antes, en la Copa de Italia, también habían llorado, pero aquella vez por la amargura de la derrota. Ahora, sus corazones parecían demasiado pequeños para contener tanta alegría que explotaba en su interior.

A mitad de camino a casa

En las graderías, después de gritar, saltar, danzar y abrazar a todo el mundo, me senté exhausto en una silla y respiré profundamente aliviado. Al mirar la fiesta en el césped, pensé muy emocionado:

¿No es exactamente lo que Dios prometió hacer?

Las lágrimas corrieron por mi mejillas. Venían del fondo de mi alma porque eran lágrimas de profunda gratitud. El Dios a quien he servido desde los ocho años es grandioso y fiel.

Y ahora, el resto de la historia

La foto del arrodillado Taffarel en la primera página de Los Ángeles Times me mostró la importancia del evento que habíamos vivido.

Al abordar el avión que me llevaría de vuelta a Brasil, el click del cinturón de seguridad finalmente señaló el final de los tres meses más intensos de toda mi vida.

Las turbinas empezaron a acelerar de manera agradable, acunándome hasta quedar dormido mientras el avión carreteaba por la congestionada pista del aeropuerto de Los Ángeles.

Me invadió una sensación de alivio al relajarme en mi asiento. Aunque no había disparado ni una vez al arco, sentí que cumplí una gran parte de mi misión en la Copa y ahora me dirigía a casa. Ya estaba en las nubes aun antes de que el avión despegara, disfrutando el profundo e inigualable sueño que solo pudo venir al siguiente día de haberme convertido en campeón.

Despertó alguna horas después. Volábamos a diez mil metros de altura. Aún soñoliento miré por la ventanilla. El día era sumamente hermoso sobre las nubes. Me sentía muy feliz de solo imaginar el regreso a casa y estar con mi familia después de tanto tiempo. El viaje que tenía por delante era largo, así que tomé un periódico del bolsillo del asiento frente a mí. Me ayudaría a que las horas pasaran con más rapidez.

Superproducción

Por primera vez en las últimas semanas, el tema principal de la primera página de los periódicos no era O.J. Simpson. La Copa Mundial y la victoria de Brasil aparecieron finalmente en primera plana en la tierra del Tío Sam.

Muy impresionado, el escritor del excelente artículo decía que se calculaba que 2.500 millones de personas habían visto el más grande espectáculo del planeta en vivo y a todo color, muchas más de las que habían presenciado el descenso en la luna, la coronación de la reina de Inglaterra o la inauguración de los juegos olímpicos.

El artículo decía que la Copa se igualaba a las mejores creaciones de Hollywood, ya que tenía emoción, suspenso, aventura, drama, luchas, tristezas, éxtasis y hasta asesinato (el zaguero colombiano Andrés Escobar, autor del autogol que eliminara a su selección en el partido contra los Estados Unidos, fue asesinado en Colombia una semana después).

Al llegar a la sección deportiva me quedé erizado con lo que vi: Impresa en primera página había una gran fotografía en colores de Taffarel. Estaba arrodillado, con las manos levantadas, mirando al cielo en actitud de alabanza a Dios. Frente a él estaba Baggio con las manos en la cintura y los ojos fijos en el suelo.

La leyenda de la foto era aun mejor: *Todo terminó de esta manera.*

El gran vencedor

Estaba claro que el productor del drama de la Copa Mundial 1994 fue el propio Dios. Yo despertaba ahora ante la enorme realidad de todo lo que habíamos vivido. Exactamente delante de mis ojos estaba la fotografía de Taffarel. Esta era la prueba concreta de que Dios respondió las oraciones que habíamos elevado cuando todo comenzó:

«Señor, que gane esta Copa Mundial el país que pueda traer más honor y gloria a tu nombre».

Ahora todo el mundo debía reconocer que el mayor espectáculo de la tierra terminó con Taffarel de rodillas, sus manos levantadas y todos los jugadores de la selección brasileña orando en grupo.

¿Qué estaban haciendo? ¡Alababan, agradecían y glorificaban el nombre de Dios!

Aunque no se le hubiera visto en El Tazón Rosado, en la ceremonia de clausura o en ninguno de los cincuenta y dos partidos, absolutamente todo estaba bajo control de Dios.

Él dejó su marca en cada detalle.

Y como Dios no comparte su gloria con nadie, la jugada decisiva no tuvo nada que ver con los pies de Baggio o las manos de Taffarel.

Invisible, pero real, Dios venció la Copa Mundial de 1994.

¡Y lo hizo a su manera!

Nuestro Dios está en los cielos; todo lo que quiso ha hecho. (Salmo 115.3)

Si desea saber más...

El próximo paso

Toda novedad que aparece sobre el viento,
Con el peso de la gravedad de rutina, cae
En la monotonía del pensamiento,
Que ya se ha ido en busca de otra novedad.

Sergio Pimenta

Millones de brasileños saltando, gritando, cantando y llorando corrían por las calles o se asomaban a los balcones y ventanas de los edificios. Brasil salió a las calles para rendir homenaje a sus héroes, los ganadores por cuarta vez de la Copa Mundial.

«Fue muy emocionante ver la celebración del pueblo en Recife, Brasilia, Río, Sao Paulo y Porto Alegre», dijo Taffarel. «Era increíble.

»Era un gozo que nunca antes se había visto. Por lo general, cuando se ven grandes multitudes en la calle se piensa en peleas y disturbios. En este caso, las personas solo deseaban agradecer, llorar y dar rienda suelta a sus emociones. Yo mismo empecé a sentir gran alegría, pues sabía que le había dado ese gozo a mi pueblo».

«Jamás había visto o participado de una multitud como aquella en las calles», recuerda Paulo Sergio. «Nunca pensé que llegaría el día en que iría en un camión de bomberos a recibir una medalla de manos del presidente de la República... Sin embargo, lo que más me impresionó fue ver la alegría del pueblo cuando pronunciaban nuestros nombres».

«En Recife no pude dejar de llorar», decía Jorginho. «El pueblo de Brasil soporta los sufrimientos con mucha paciencia y es muy querido. Comparada con todo lo que pasa en el país, la Copa tal vez no parecería muy importante, pero el pueblo en las calles estaba extasiado. El amor que nos demostraron era impresionante y no era solo por las grandes figuras como Romario o Taffarel. Las personas reconocían la importancia de cada jugador al ganar la Copa. Agradecí a Dios el privilegio de contribuir a que este pueblo sonriera y se sintiera orgulloso de ser brasileño».

Finalmente la fiesta nacional y los desfiles victoriosos terminaron. El tema que ocupó después los titulares de periódicos, revistas y televisión fue el lío que los funcionarios de aduanas crearon con el equipaje de los miembros de la selección (parece que se les fue un poco la mano en sus compras).

Ese problema dañó la imagen de los héroes e hizo que el pueblo olvidara con rapidez la euforia de la gran victoria.

La verdad es que a la semana siguiente no había nada nuevo en el horizonte y la vida del brasileño volvió a la rutina normal.

La alegría y emoción de la victoria fueron sensaciones tan intensas que resultaron sumamente efímeras.

Si has leído hasta aquí, probablemente deseas hacerme una pregunta: ¿Qué gané con todo eso?

El pueblo más optimista del mundo

Al finalizar el año 1994, la playa de Copacabana estaba repleta de personas que esperaban la más grande fiesta de año nuevo en el mundo.

El nuevo plan económico estaba en funcionamiento. El pueblo tenía más dinero en el bolsillo y más comida en la mesa. Nuestra moneda valía considerablemente más que el dólar y el nuevo presidente, elegido por la mayoría del pueblo, pronto asumiría el poder en Brasilia.

Una encuesta publicada en el periódico *O Globo*, de Río de Janeiro, señalaba que el nuevo presidente Fernando Henrique

Cardoso se iba a convertir en el dirigente del pueblo más optimista del planeta.

Brasil, una vez más, tenía todo en las manos para marchar bien.

La perspectiva general era ahora totalmente distinta a la del año anterior, y aunque parezca increíble, este cambio nacional se originó con la conquista del tetracampeonato.

Enfoque de la historia desde una nueva perspectiva

Aunque Él tiene todo el poder del universo a su disposición, Dios decidió utilizar seres humanos, como tú o yo, para escribir la historia. Así ocurrió con los héroes del pasado como Abraham, Moisés y Gedeón o con héroes modernos como Jorginho, Taffarel, Paulo Sergio, Mazinho, Zinho, Müller y compañía.

Este mismo Dios que controla los acontecimientos de la historia, controla también nuestras vidas. Aunque parezca increíble, Él quiere escribir la historia a través de ti.

¡Sí, de ti!

Por más insignificante que puedas parecer en relación a la grandeza cósmica de Dios, Él te ama y tiene un propósito específico para tu vida.

Dios quiere cambiar la historia por medio de ti.

Para que esto ocurra, Él primero tiene que cambiar tu historia personal por medio de Jesucristo.

Para Dios, tú eres la persona más importante del mundo. ¿Sabes por qué?

Porque Él dio a su único Hijo, Jesús, para morir en tu lugar.

Si Dios fue capaz de dar su Hijo unigénito para salvarte, ¿qué otra cosa no haría por ti?

Si Dios ganó el campeonato de la Copa Mundial para que se escribiera este libro y a través de él pudieras oír este mensaje, ¿qué otra cosa no haría por ti?

Para mí, la misión Copa Mundial está concluida.

De ahora en adelante, tú tienes el balón.

Ecos del tetracampeonato

Bebeto

¡No puedes imaginar lo maravilloso que fue! Mi mayor alegría, además de haber dado a mi pueblo motivo para sonreír, fue ganar el tetracampeonato y dedicarlo a Ayrton Senna.

Fue grandioso convivir con los atletas cristianos en la concentración, principalmente con Jorginho, que me transmitía una profunda paz espiritual.

A veces oré antes de los partidos con Paulo Sergio, Taffarel, Jorginho y los demás. Considero que fue muy importante. Sinceramente creo que los atletas cristianos en realidad nos ayudaron. Las reuniones que mantuvieron fueron muy importantes para todo el grupo.

Creo que lo más importante es Dios. Él es todo para mí. Lo que las personas más necesitan es creer en Jesucristo y seguirlo. Todo lo que he logrado y todo lo que tengo se lo debo y se lo agradezco a Él. Jesús está presente en todo lo que ocurre en mi vida. Aun si alguna vez te sucede algo malo, esto solo sirve para probar si realmente crees o no en Él.

Branco

Estoy muy feliz por haber realizado el mayor sueño de mi carrera.

Esta era la tercera vez que jugaba en un campeonato mundial y lo ganamos, a pesar de mi lesión, de la presión y de todo.

Aprendí una lección, no solo de fútbol, sino también de vida. En la selección encontré personas que jamás pensé que se convertirían en amigos íntimos, especialmente en los momentos más difíciles. Obtuve gran ayuda del grupo de Atletas de Cristo y sé que oraron mucho por mí. Los respeto mucho porque son profesionales del más alto nivel y tienen además un enorme corazón. Esto fue muy importante para el espíritu de nuestra selección.

En los momentos más difíciles es cuando uno se agarra con más firmeza de Jesucristo. Agradezco a Dios todas las noches por todo lo que me dio y por todo lo que me dará.

Todo lo que tengo hoy día se lo debo a mi profesión y a Jesucristo. Él me protege en cada partido y durante mis entrenamientos. Él también está conmigo cuando termino el entrenamiento y cuando voy en mi auto camino a casa.

Después de las dificultades que tuve en la Copa, los ojos de todo el mundo estaban puestos en mí cuando jugamos contra Holanda. El partido estaba empatado 2-2. Se cometió una falta contra mí y anoté el gol de la victoria. Tengo la convicción de que fue el Señor quien preparó todo.

Dunga

Cuando besé el trofeo de la Copa Mundial sentí que 150 millones de brasileños hacían lo mismo. Lloré y todo Brasil lloró conmigo.

Mi más grande alegría fue ver sonreír a mi pueblo. El país está lleno de individuos que afirman que todo está mal, pero nadie nos muestra lo que debemos hacer. Nuestra selección sí mostró. Todos teníamos el mismo pensamiento, a tal punto que oramos juntos al finalizar el último partido. Ahora tenemos que aprovechar esta victoria para ayudar a otros por medio de lo que conseguimos.

Taffarel

Mi más grande alegría durante la Copa fue ver la amistad que se desarrolló entre los jugadores y el cuerpo técnico. Dios plantó esa amistad, cariño y amor en medio de nosotros. Esto fue fundamental. Jamás vi tal cosa en ninguna otra selección.

A veces olvido que soy campeón. Lo único que no quiero olvidar es que Dios estaba allí y que el tetracampeonato fue un regalo de Él. Dios fue el protagonista. Nosotros solo fuimos un equipo que Él utilizó cuando seguimos sus instrucciones. Nos dio el título para que nuestro país tuviera una oportunidad de conocerlo a Él por medio de nuestro testimonio.

Cuando decimos que Dios ofrece esperanza, no se trata solo de la esperanza de un Brasil mejor o de una vida mejor. Toda nuestra esperanza está en Dios.

Paulo Sergio

Todo lo que logramos en este mundo es pasajero, pero la Palabra de Dios es eterna.

Debemos dedicarnos a las cosas de Dios que son eternas.

Lo que vemos como imposibilidades son solo oportunidades para que Dios opere en nuestras vidas. Aprendí que Dios está siempre dispuesto a escuchar nuestras oraciones y a estar a nuestro lado en los momentos de dificultades.

Zinho

Sé que a todo el mundo no le agrada que yo diga esto, pero hoy día realmente estoy feliz con mi Dios. Aprendí que la amistad, la unión y el respeto son fundamentales para ganar. También me siento inmensamente feliz porque puedo leer en mi hoja de vida: «Campeón mundial».

Alabé a Dios cuando vi al pueblo celebrando en las calles. Esa Copa fue maravillosa para mi carrera, y estoy seguro de que tuve participación en la conquista del título. Pero ver la alegría en el pueblo fue más importante que mis intereses profesionales o mi reputación. Espero que Brasil llegue a ser todo lo que deseamos que sea.

Jorginho

Habíamos orado para que Brasil pudiera ganar el campeonato por cuarta vez y para que esto diera gran honor y gloria a Dios. Eso fue lo que pasó. No fueron solamente los jugadores cristianos quienes glorificaron a Dios. Escuché decir a Bebeto, en un programa muy popular de televisión, que Jesucristo es su Señor y que Él lo había bendecido en su participación en la Copa.

Lo más importante en todo esto fue la oración que hicimos juntos en la final de la Copa. Todo el mundo la vio. Muchas personas me dijeron que pareció más una cruzada evangelística que una final de Copa Mundial.

Mientras miraba aquella multitud pensé en la felicidad que les provocaba el que hubiéramos ganado el campeonato. Pero sabía que al pasar la euforia todo iba a seguir igual que antes. Es maravilloso ser campeón del mundo, pero todas esas cosas pasan de la misma manera que pasó la alegría. El pueblo no ha olvidado la Copa, pero ya nadie está en las calles por ese motivo. Ya nadie despierta diciendo: «¡Fantástico! ¡Brasil es tetracampeón!»

Todo lo que hicimos fue muy importante y ganamos el título. Pero cuando todo se ha dicho y hecho, el título solo es una recompensa o un trofeo. Este podrá cambiar nuestra vida profesional o nuestra imagen pública, pero no puede cambiar nuestro carácter. No cambia nuestro corazón ni nuestra manera de actuar. Con todo lo que ocurrió después de la Copa, era obvio que en verdad nada puede compararse al hecho de tener a Jesús en el corazón. Es una alegría distinta, que viene de lo más profundo de uno. El amor de Jesús por nosotros no tiene altibajos, como sí los tiene nuestra vida profesional. Jesús está con nosotros, aun cuando estemos decaídos y jugando mal.

La euforia del tetracampeonato pasó, pero si tenemos la seguridad de la salvación sabemos que podemos permanecer firmes, confiando en Jesús, en los momentos de alegría o de tristeza que vendrán.

El equipo ganador

Abril Imagenes FOTO POR PEDRO MARTINELLI

Taffarel-1, Jorginho-2, Aldair-13, Mauro Silva-5, Márcio Santos-15, Branco-6, Mazinho-17, Romário-11, Dunga-8, Bebeto-7 y Zinho-9

FOTO POR ORLANDO BRITO Abril Imagenes

MAZINHO JUNTO A VALÉRIA

FOTO POR ORLANDO BRITO Abril Imagenes

TAFFAREL Y ANDRÉA

La celebración

FOTO POR EUGÊNIO SAVIO Abril Imagenes

El gozo de la victoria

FOTO POR MANOEL NOVAES Abril Imagenes

Mazinho rodeado por seis adversarios

Abril Imagenes FOTO POR EUGÊNIO SAVIO

JORGINHO
Y
CRISTINA

FOTO POR ORLANDO BRITO Abril Imagenes

PAULO
SÉRGIO

FOTO POR MARCOS ROSA Abril Imagenes

Acción de gracias

FOTO POR EUGÊNIO SAVIO Abril Imagenes

Brasileños celebran en las calles de Recife

FOTO POR MANOEL NOVAES Abril Imagenes